"985工程"民族学国家重点学科建设项目资助

北京市高等学校特色专业民族学建设点项目资助

新世纪优秀人才支持计划资助（Supported by Program for New Century Excellent Talents in University）

北 城 村

——冀中平原的新石器时代文化

中央民族大学民族学与社会学学院
涿州市文物保管所　编著

肖小勇　主编

科学出版社
北京

内 容 简 介

本书全面系统地报道了南水北调中线天津干渠工程河北段考古发掘项目容城县北城村遗址的发掘成果。该遗址包含金元以后和新石器时代两个阶段的文化遗存，以新石器时代文化遗存最为丰富。北城村遗址新石器时代文化遗存显示出强烈的北福地二期文化特征，又表现出独特的地域特色，为认识和研究华北地区新石器时代文化面貌及其发展演变提供了新的重要资料。

本书可供从事考古学、文物与博物馆学研究的专业人员，高校相关专业师生及爱好者阅读、参考。

图书在版编目（CIP）数据

北城村：冀中平原的新石器时代文化 / 肖小勇主编；中央民族大学民族学与社会学学院，涿州市文物保管所编著.—北京：科学出版社，2013.12
　　ISBN 978-7-03-039347-0

Ⅰ.①北… Ⅱ.①肖… ②中… ③涿… Ⅲ.①新石器时代文化—研究—华北地区 Ⅳ.①K871.134

中国版本图书馆CIP数据核字（2013）第304553号

责任编辑：李　茜 / 责任校对：刘小梅
责任印制：赵德静 / 封面设计：北京美光制版有限公司

科 学 出 版 社 出版
北京东黄城根北街16号
邮政编码：100717
http://www.sciencep.com

中国科学院印刷厂 印刷
科学出版社发行　各地新华书店经销
*
2014年1月第 一 版　　开本：787×1092　1/16
2014年1月第一次印刷　　印张：8 1/2　插页：10
字数：180 000
定价：**150.00元**
（如有印装质量问题，我社负责调换）

目 录

插 图 目 录

图版目录

第一章　概　　述

第一节　地理位置、环境与历史沿革

一、地理位置与自然环境

　　容城县位于河北省中部略偏南，冀中平原的中部，隶属保定市，地理坐标为东经115°45′26″~116°04′02″，北纬38°57′04″~39°08′32″。北以南拒马河为界，与定兴县相邻；东北以大清河为界，与新城县相接；东以大清河与雄县毗连；东南有白洋淀与安新县接界；西部与徐水县接壤。县境东西长而南北窄，南、北两侧中部内凹，东部下垂，呈不规则形，总面积314平方千米。县境处于冀中平原中部的大清河冲积扇上。冀中平原属于华北平原的一部分，介于太行山东麓山前平原与沧州滨海低平原之间，北与北京市、天津市境内平原相接，南与冀南平原为邻，是由古代黄河、海河水系的各大支流永定河、大清河、子牙河等河流泛滥淤积而成的典型冲积平原，地势由西南向东北缓缓倾斜，地面坡降比为1/5000~1/6000，地面较平坦，相间分布有古河道和河间洼地。大清河是海河水系的五大支流之一，分南北两支。北支拒马河，发源于涞源县的涞山，至涞水县落宝滩又分为两支，北支北拒马河，北流经涿县，接纳胡良河、挟括河、琉璃河、小清河，至东茨村转南流，至白沟镇，叫白沟河。另一支自落宝滩南流称南拒马河，至北河店，接纳易水，至白沟镇与白沟河汇合，以下称大清河。大清河南支称赵王河，为白洋淀东出水道。汇入白洋淀的主要河流还有唐河、潴龙河，除此之外，大清河南支还包括萍河、瀑河、漕河、府河、方顺河及孝义河等，均发源于太行山东麓，汇入白洋淀。大清河南支经赵王河流至张青口以东汇入大清河。河水从山区冲下来大量泥沙，流至山前，由于河槽纵比降减少，流速减缓，泥沙沉积下来，逐渐在山前形成冲积洪积扇，长期的沉积使各河冲积洪积扇不断加大，连在一起，形成了大清河水系冲积扇平原。容城县处太行山东麓平原向冲积扇平原的过渡地带，全境西北较高，东南略低，海拔7.5~19.5米，地面坡降比为1/2000，土层深厚，地形开阔，地下水丰富，植被覆盖率很低。境内多西北—东南走向河流，东南部有大片低洼地，受洪水冲积影响，形成三条缓岗指状隆起，同时形成了大小不等的十大洼地。

北城村遗址位于容城县中部，行政区划属容城镇北城村，南距容城县县政府驻地约3千米，北至北城村驻地直线距离约0.7千米，东北距南拒马河仅4.5千米，东南和南面10余千米分布有烧车淀、藻苲淀和白洋淀等数个大小不等的洼淀，水量丰富，土壤肥沃（图一）。

图一　北城村遗址地理位置图

北城村所在地区的地质构造属新华夏构造体系控制地区。新华夏构造体系是由南北向水平压力及其派生的北西—南东水平剪力作用下形成的北北东向压扭性断裂、褶皱体系，形成于中生代侏罗纪之后，至今仍为一活动的构造体系。新华夏构造体系是河北省主要构造体系之一，主要发育在西部的太行山区及河北平原的深部。河北平原自中、新生代以来即为凹陷区，新生代以来凹陷幅度更大，因此地表被深厚的新生代沉积岩系所覆盖，基底岩性是以前寒武系变质岩系及中—上元古界、古生界沉积岩系，间夹有中生代火山岩系所组成。平原区内不同埋深的基底岩系起伏不平，构成一系列北北东向的隆起和凹陷。冀中凹陷东西宽约100余千米，南北长约260千米，次一级的构造较多，中生代以前的基底是一背斜构造，新生代时期急剧下沉，接受了巨厚的第三系沉积。早第三纪时期，形成了一系列凸起和凹陷，组成一系列多字型构造，如牛驼凸起、无极凸起、固安凹陷、石家庄凹陷等。晚第三纪时期继承了早第三纪沉积特征，整个凹陷带继续下沉，接受了几千米巨厚沉积。第四纪时期继承第三纪的沉积状态，整个凹陷继续下降。容城县基底构造属于牛驼凸起的西南部分，第四纪土厚约400～500米，地表以下18～147米是亚沙土、亚黏土及沙层；地表以下254～430米是黏土、亚黏土及沙层。这些土层、沙层的水平构造呈西北—东南方向的不连续条带状分布。

容城县属于中纬度地带，属于温带大陆性季风气候区，暖温带半湿润半干旱气候，四季分明，春季少雨，干旱；夏季炎热潮湿，风小，多低云；秋、冬多雾，冬季严寒少雪。年平均气温11.9℃，一月份月平均气温-5℃，七月份月平均气温26.1℃，极端温度最高为40.9℃，最低-26.7℃，无霜期平均为190天，历年平均降水量为522.9毫米，主要集中在6～8月，占全年降水量的74%，最多1237.2毫米，最少只有207.3毫米。

土质为近代河流沉积物，成土母质主要为洪积冲积母质，沙黏分选不清，种类分潮土、潮褐土两大类，又细分为四个亚类、十二个土属和三十六个土种。土壤质地有沙质、沙壤、轻壤、中壤四种类型，多为轻壤。自东向西，质地逐渐变细，由偏沙到偏黏。土壤中含钾相对较丰富，有机质含量较低，缺磷、低氮。

境内河流属海河流域大清河北支水系，主要有南拒马河、大清河、白沟河、萍河等河流，这些河流近来均已断流。但地下水蕴藏较丰富，水质良好，仅东南部受白洋淀影响，含盐量略高。县境东南角包括烧车淀的一部分水域，烧车淀属于白洋淀水域范围。

二、历 史 沿 革

容城县自然条件总体上较好，历史悠久，早在距今7500年前，就有人类活动。目前发现的上坡遗址，位于县城南1千米，距北城村遗址也只有约3千米。该遗址就包括磁山文化层、龙山文化层、二里头文化层和商代文化层。夏商时期容城地区属于冀州，西周时为燕国南陲，春秋、战国时先后属北燕、燕。

秦始皇统一六国后在全国实行郡县制，容城所在地属上谷郡"宜家"县，县治据考在今安新县三台村。

容城县之名，始见于汉代。西汉初分封103个诸侯国，其中的深泽国，据考证，治在今容城县县城西北。高祖六年（前201年）封匈奴人董漤为成侯于深泽。高祖十二年

（前195年）在今昝村一带建易县。景帝中元三年（前147年）以匈奴降王徐卢封容城侯，是为容城侯国，始有容城一名。据旧《容城县志》："汉封降王有容氏于此，置容城县。"

王莽时恢复旧制，置深泽县。东汉章帝建初二年（77年），封曹谌为容城侯。三国魏文帝黄初五年（224年），废除容城入范阳国。至晋武帝，复重置容城县，属范阳国。北齐文宣帝天保七年（556年）又废除容城，入范阳县。

隋文帝开皇元年（581年），改范阳县为遒县，属上谷郡。唐初，仍为遒县，属涿郡。高祖武德五年（622年），在县境内置北义州，领遒县。太宗贞观元年（627年），废北义州，遒县属河北道易州。武周圣历二年（699年），契丹入侵，但县治城池得以保全，被赐名全忠县。中宗神龙二年（706年），仍改为遒县。玄宗天宝元年（742年）复改容城县，治在城子村。此年罢易州，改为上谷郡。代宗大历二年（767年），改容城属雄州。

五代后晋石敬瑭割让燕云十六州于契丹，其中容城属契丹易州。后周世宗柴荣收复莫、瀛、易三州，容城南境被收复，恢复容城县，但移县治于雄州城内。契丹亦于拒马河以北新城侨置容城县，至此，南北容城并存。

宋辽以白沟河为界，容城属河北东路雄州。新城县境内，辽仍侨置容城县。

金灭辽、宋，南北容城归一。金大定六年（1166年）析容城北境及相邻县之一部，置定兴县。金承安四年（1199年）析容城南境及相邻县之一部置渥城县，属安州。金大安元年（1209年）割容城属安州。后复属雄州。

蒙古太宗十一年（1239年），容城属顺天路雄州。世祖至元十年（1273年），雄州改属大都路。至元二十三年（1286年），容城属保定路雄州。明太祖洪武七年四月（1374年），雄州改县，废容城，入雄县。洪武十四年十一月（1381年），复置容城县，治今城子村，属京师保定府。明景泰二年（1451年），县治由城子村迁今治。清朝时属直隶省保定府。

建国后容城县属河北省保定专区，县人民政府驻容城城关。1958年6月，容城县被撤销，分别并入雄县、定兴县。9月，又将原容城县全部划归徐水县，直至1962年1月复置容城县。1968年7月22日，成立容城县革命委员会。1982年1月，成立容城县人民政府，驻容城镇，隶属河北省保定地区。

容城县面积314平方千米，人口24.7万。辖4个镇（容城镇、小里镇、南张镇、大河镇）、4个乡（八于乡、贾光乡、晾马台乡、平王乡），共127个村委会[1]。

---

[1] 以上资料参考河北省地方志编纂委员会：《河北省志·第3卷·自然地理志》，河北科学技术出版社，1993年；《容城县志》编辑委员会：《容城县志》，方志出版社，1999年。

第二节　发 掘 经 过

一、发掘缘起与队伍构成

2006年4～7月，为配合河北省南水北调中线天津干渠工程建设，中央民族大学民族学与社会学学院博物馆学专业与河北省涿州市文物保管所共同组成考古队，由中央民族大学民族学与社会学学院文博系肖小勇领队，对北城村遗址进行了发掘。

涿州市文物保管所杨卫东、黄涿生、史殿海、方清负责发掘工作的管理与协调，参与考古发掘的人员有涿州市文物保管所史殿海、赵辉、石长桥、张瑞、尚海英、李常、刘建彬、王金锁、刘建国、络明10名员工和技工，中央民族大学民族学与社会学学院教师朱萍，2003、2004级博物馆学专业本科生云彩凤、陈娟、黄益飞、李文雯、刘雪红、李秀娟、薛乔、沈丹姬、杨馨雪、朱亚齐、刘璐、方正国、刘鹏程、辛蕾、德吉卓嘎、李慧、邵凡晶、曾旭、陈为、熊国平、李雪、李海花、李小刚、周强、马虎、王博，及2005级研究生刘剑波，共28名师生。

二、发 掘 经 过

1. 前期工作概况

本次配合南水北调中线天津干线的考古发掘项目，原报批发掘的遗址为容城县北城村南遗址。关于该遗址，除简略的存档记录外，几乎没有任何正式发表的资料。记录材料仅简略提到容城县北城村南遗址发现较早，位于容城县容城镇北城村南，地理坐标为北纬39°04′6.6″，东经115°51′6.6″，分布范围东西宽100米，南北长200米，面积20000平方米。该遗址未经正式发掘，有关文物部门曾进行过调查，从地表调查采集到一些较晚时期的陶片和宋、金时期的瓷碗、瓷钵等残片，并发现有较厚的文化层，其东南部有战国至宋金时期的文化堆积，西北部和西南部有战国时期的文化堆积，确定其为战国至宋金时期遗址。该遗址并已被列为容城县县级文物保护单位。

2. 遗址调查与发掘区确定

2006年4月9日～15日，对北城村南遗址开展发掘前的全面调查，以确定遗址的具体分布范围和文化层堆积情况。调查方法分为一般性徒步踏查和重点区域用探铲进行考古钻探调查。首先根据记录的北城村南遗址地理坐标和分布范围对遗址分布区域进行徒步踏查，发现其区域内地面几乎不见遗迹、遗物现象，连村民取土形成的巨大洼地的断面上，也未见有文物或文化堆积情况。钻探的结果与之近似，仅钻探到一处有少量红烧土，除此之外，未发现任何其他文化层或遗物、遗迹现象。据此可以确定，北城村南遗址点的位置可能测量或记录有误，如果不是整个遗址已被完全毁尽了的话。

于是决定扩大调查范围。对照南水北调中线天津干线施工图，以提供的原北城村南遗址地理坐标点为中心，采用考古钻探方法，沿南水北调中线天津干线设计通过的区域，分别向东、向西进行扩展区域调查钻探，总勘探面积达到4万平方米。向西的调查没有任何结果，但向东的调查很快有了重要收获。大约在原北城村南遗址地理坐标点以东约1千米处，发现一个遗址，遗址地面发现陶、瓷片，并且在村民取土形成的巨大洼坑的断面上，也发现有陶、瓷片等文物。陶片属于素面红陶，或泥质，或夹砂，从特征上判断应该属于新石器时代。瓷片多为宋、金以降的酱釉、白釉和青花等瓷器。同时，这里也钻探到灰坑、红陶片和红烧土等遗迹和遗物。可以肯定，这应该是一处包含新石器时代和宋、金、元等时期文化堆积的遗址。为了更清楚地弄清遗址的分布范围，确定以1米间距对遗迹、遗物分布范围进行进一步重点钻探，比较精确地探出遗址的分布范围为南北约120米，东西约160米，总面积约19000平方米。用手持式Garmin GPS 72定位仪测得其中心区位置的地理坐标为北纬39°04′10.0″，东经115°51′43.8″，海拔13.2米（图二）。

由于该遗址与北城村南遗址的位置相距约有1千米，且文化内涵和时代也存在较大差异，因而命名为北城村遗址，以区别于原来的北城村南遗址，并决定对其进行发掘。

由于容城镇和北城村的扩张，目前北城村遗址南距容城县县城即容城镇最靠近的居民区仅约500米，北距北城村最近居民区仅100米，位于连接容城镇与北城村公路北城道东侧的麦地里。遗址区地表为农耕地，总体上平坦开阔，但也见分布有因生活取土而挖掘形成的一处处洼地。附近有养殖场和果园。由于靠近现代居民区，又处于现耕地和果园当中，且有水渠分布，遗址明显受到耕种和取土的破坏。轻一点的地方晚期地层被扰乱，严重一些的地方，文化堆积已几乎不存。

发掘区位于遗址的东南部。根据钻探结果，这里遗迹、遗物分布较丰富、集中，又是南水北调中线天津干渠通过的区域（图三）。

3. 探方布设

项目批复的发掘面积为1400平方米，据此以西南角为基点，向东向北用第一象限布方法，共布5米×5米探方56个（图四）。

探方编号为：2006RBT0101～T0110，2006RBT0201～T0218，2006RBT0301～T0318，2006RBT0401～T0410。

发掘过程中，发现遗址包含的新石器时代中早期文化遗存堆积较厚，遗迹、遗物丰富，文化面貌极具特色，具有重要的学术价值，因此及时向相关文物主管部门做了

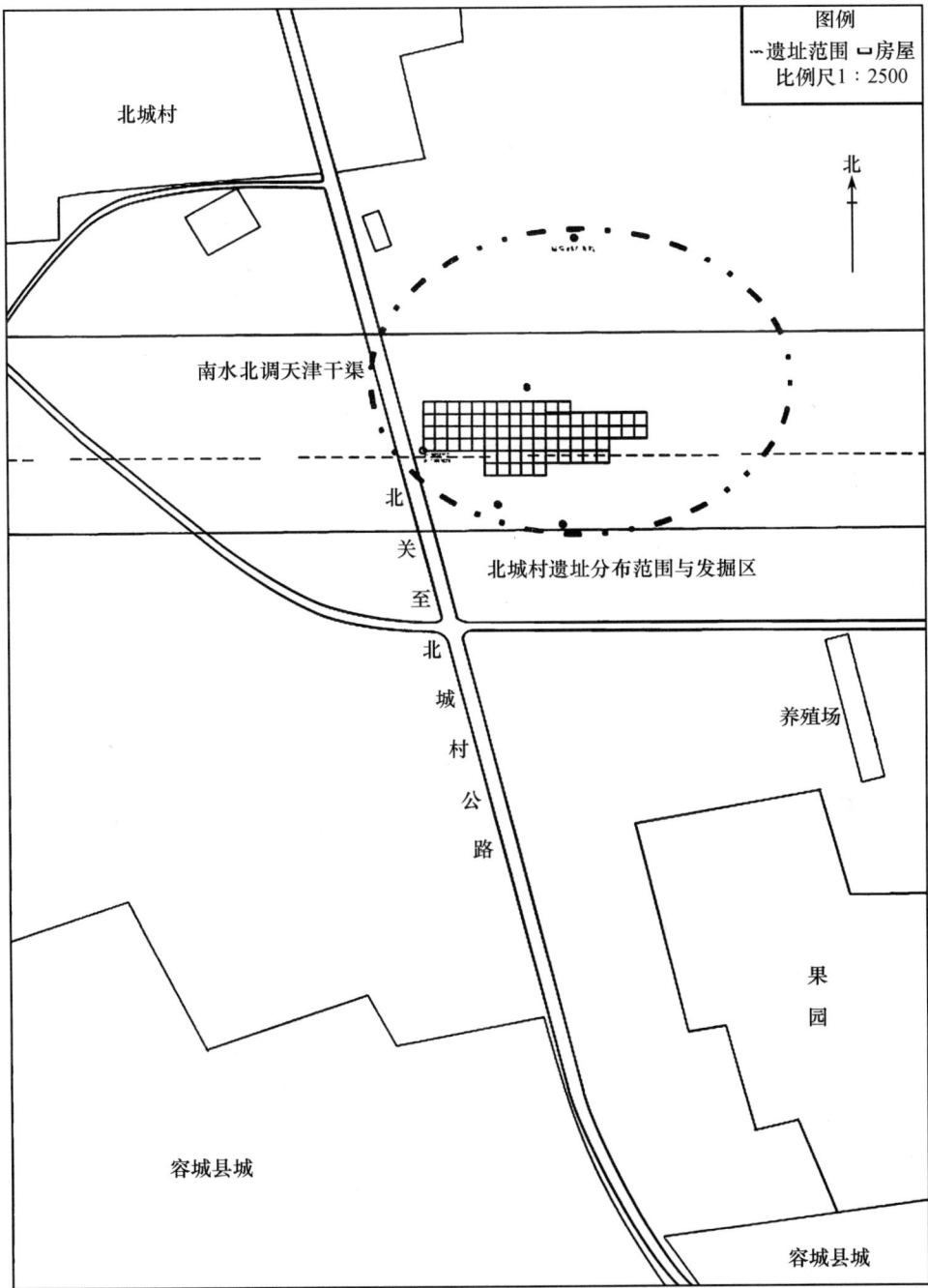

图二　北城村遗址分布范围与发掘区位置图

汇报，并申请增加发掘面积，以便使这一重要新石器时代文化遗存得到更加全面的揭示。申请得到了肯定的答复，河北省文物局批准，在原批准发掘面积1400平方米的基础上，新增加发掘面积600平方米。这样，总发掘面积共计为2000平方米。

图三　北城村遗址自然环境

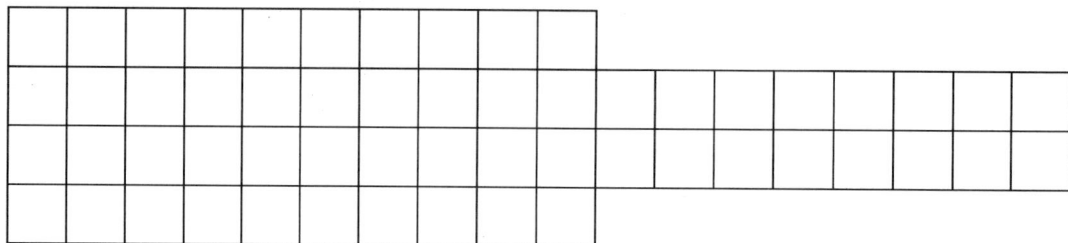

图四　原1400平方米发掘面积布方示意图

新增加的600平方米发掘面积，共布5米×5米探方24个，根据已发掘区域遗迹遗物分布趋势和钻探结果，分别布于紧靠原发掘区遗迹、遗物相对较密集的南、北两侧中段，其中南侧布22个探方，探方编号为：2006RBT0111～T0115，2006RBⅡT0105～T0115，2006RBⅡT0205～T0210。

北侧布2个探方，探方编号为：2006RBT0411～T0412。

两次共布5米×5米探方80个（图五、图版一）。

4. 发掘经过与收获

本次发掘工作于2006年4月15日开始，至7月22日结束，历时3个月余。发掘区正中有一条大致呈南北向约0.5米高的陡坡，将发掘区分成东、西两区，东、西两区地面均呈水平状态，但二者间存在约0.5米的高差，即东区地面比西区约高0.5米。东区因地势较高的缘故，保存了较厚的文化堆积，西区由于耕种等原因致使较原地面降低了约0.5

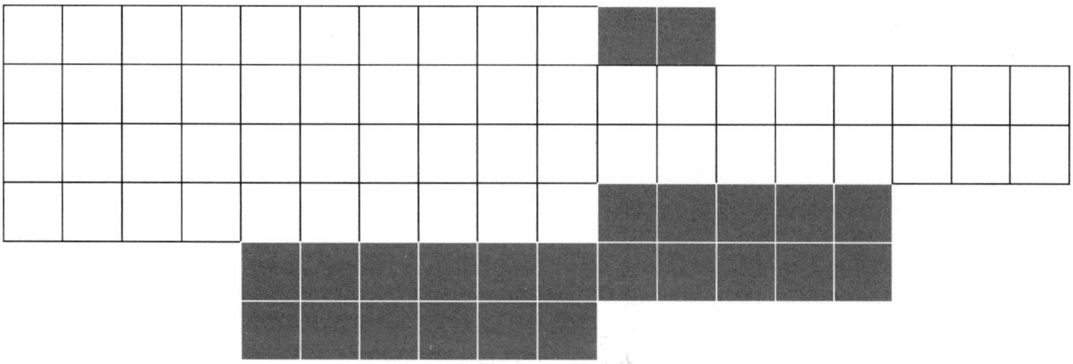

图五　北城村遗址发掘布方示意图

米，上层文化层也随之不存，文化堆积因而也随之变薄。因发掘从地势较低的西区开始，所以产生了东西两区地层不统一的情况，发掘后重新统一地层。

这次发掘获得了该遗址的准确地层及遗迹与地层间的层位关系，最重要的收获是北福地二期文化遗迹、遗物的发现。北城村遗址包括金元时期和新石器时代两个阶段的文化遗存，共发现107个遗迹单位，其中房址15座、灰坑82个、井3口、沟6条、墓葬1座，其中大部分遗迹属新石器时代；共发现各类遗物5000余件，绝大部分为新石器时代的石器和陶片，也有各类金元以后时期的瓷器残片等（图六、图版二）。

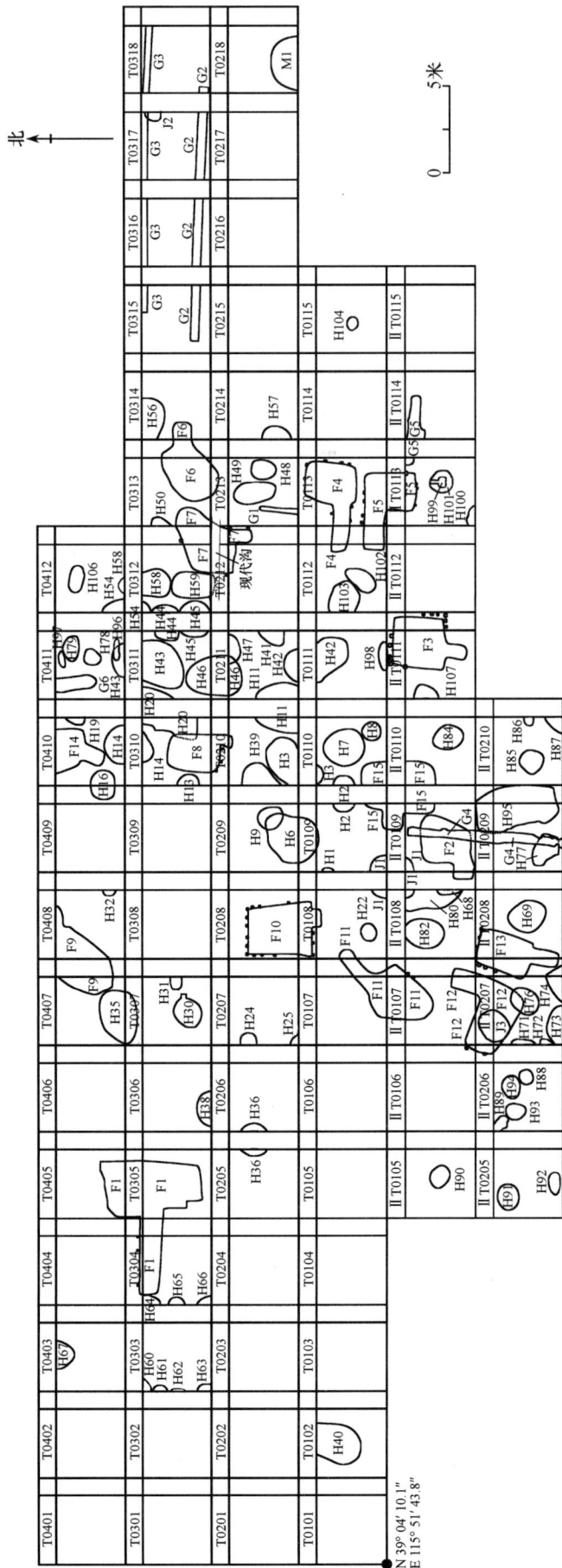

图六　北城村遗址发掘总平面图

第二章 地层堆积

北城村遗址区现地表为北城村的农耕地，地表平坦，仅由于生活取土形成一处一处洼地。耕地对遗址的上层文化层造成一定破坏，一些晚期的文化层已不存；较深的洼地则将文化层破坏殆尽或完全挖掉。

发掘区大致位于遗址分布范围内的西南部，正中有一条大致呈南北向约0.5米高的陡坡，从南向北贯穿探方ⅡT0111、T0111、T0211、T0311、T0411，将发掘区分成东西两区，其中东区比西区地势高约0.5米，但各区内部地表近乎水平。西区探方包括ⅡT0205～T0210、ⅡT0105～T0110、T0101～T0110、T0201～T0210、T0301～T0310、T0401～T0410。东区探方包括ⅡT0111～T0115、T0111～T0115、T0211～T0218、T0311～T0318、T0411～T0412。

地势较高的东区保存的地层堆积较厚，平均深约1.15米，共5层。西区由于地势较低，因而除与东区相交的T0109、T0110、ⅡT0110、ⅡT0109、ⅡT0209和ⅡT0210共6个探为4层外，其余均为3层，厚约0.7米，其上部晚期的金元文化层已不存，揭去耕土层后，即进入新石器时代文化层。

地层的具体分布，两区统一后为：第1层为耕土层（包括扰土层），东西区均分布；第2层仅分布于东区；第3层分布于东区和西区的6个探方（即T0109、T0110、ⅡT0110、ⅡT0109、ⅡT0209和ⅡT0210的第2层）；第4、5层东、西两区均匀分布。5层以下为生土。总体上看，发掘区各部分地层分布较均匀。东西两区地层对应情况如表一。

表一 东西西区地层对应表

西区（不包括上述6个探方）	西区T0109、T0110、ⅡT0110、ⅡT0109、ⅡT0209和ⅡT0210	东区
1	1	1
		2
	2	3
2	3	4
3	4	5

据地层包含物分析，2、3层属金元至明代以后文化层，4、5层属新石器时代文化层①。各地层情况具体如下：

第1层：耕土层，厚0.12～0.2米。覆盖所有探方，灰色混合土，疏松，包含植物和现代弃物。这一层包含耕土层和扰乱层。下开口有近代井1个、现代窖3个、大量现代扰坑与扰沟，在最西部4个探方有废弃的近现代土路1条。

第2层：金元至明代文化层，厚0.3～0.4米。浅暖褐色土质，较疏松，分布于东区各探方。出土大量青、白、酱黄、黑、青花、彩瓷片和釉陶片及青砖碎块、石块等，也有个别青铜器、玉器。根据地层包含物分析，该层为金元至明代文化层。此层下开口沟4条、井3个、灰坑4个、元代墓葬1座，共12个遗迹单位。

第3层：金元至明代文化层，厚0.15米左右，红褐色土，较致密，分布于东区各探方及西区的T0109、T0110、ⅡT0110、ⅡT0109、ⅡT0209和ⅡT0210共6个探方。包含有稀疏的炭渣、草木灰和烧土粒等。出土少量泥质红、灰陶，夹砂红、灰陶残片、瓷片、石块等。此层下开口房址9个、沟1条、灰坑28个，共38个遗迹单位。

第4层：新石器时代文化层，厚0.2～0.25米，暗褐色土，致密，夹炭渣、草木灰、烧土粒。各方均匀分布。出少量泥质灰、红陶，夹砂灰陶、红陶等。根据地层包含物分析，该层应属新石器时代。此层下开口房址6个、沟1条、灰坑50个，共57个遗迹单位。

第5层：新石器时代文化层，厚约0.25米，浅褐色土略呈灰色，土质致密，夹较多白色颗粒，包含极少量烧土粒及炭渣，各探方均分布。遗物极少。

现以能同时反映发掘区域东、西两区地层堆积情况的T0111南壁剖面为例，对地层堆积情况具体说明如下（图七）。

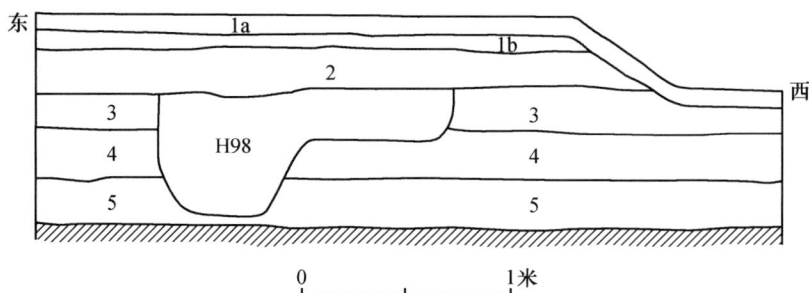

图七　2006RBT0111南壁剖面图

第1层：包括1a和1b层。1a层为耕土层，灰褐色混合土，土质疏松，内含植物根须，少量陶瓷片等，厚约0.1米。1b层为扰土层，灰褐色土，较1a层纯净，土质略细

___
① 地层情况总述部分使用统一后的地层进行描述，以下除特别注明外，均使用未统一的地层进行描述。

密，包含的植物根须减少，有少量陶瓷片等遗物，厚约0.1米。

第2层：金、元及明文化层。浅暖褐色土，土质较疏松，内含碎青砖渣和青砖块。遗物较多，出土大量青、白、黑、酱黄、青花瓷片和釉陶片，以及个别青铜、玉和石器等。厚0.3~0.4米。此层下开口灰坑H98。

第3层：金、元及明文化层。红褐色土，较致密。包含有稀疏的炭渣、草木灰和烧土粒等，出土少量泥质红、灰陶，夹砂红、灰陶残片、瓷片等。厚约0.15米。此层被H98打破。

第4层：新石器时代文化层。暗褐色土，致密，夹炭渣、草木灰、烧土粒。出土泥质灰陶、红陶，夹砂、灰陶、红陶，夹云母红陶。厚0.2~0.25米。此层被H98打破。

第5层：新石器时代文化层。浅褐色土略呈灰色，土质致密，夹较多白色颗粒，包含少量烧土粒及炭渣。厚约0.25米。此层被H98打破。

发掘区总体叠压打破关系不甚复杂，各探方层位关系如下：

2006RBⅡT0105：

①→②→H90→③

2006RBⅡT0106：

①→②→③

2006RBⅡT0107：

①→F12→②→F11→③

2006RBⅡT0108：

①→{H68 / J1}→②→{H80 / H82}→③

2006RBⅡT0109：

①→J1→②→{F15 / G4}→③→F2→④

2006RBⅡT0110：

①→②→{F15 / H84}→③→④

2006RBⅡT0111：

①→②→③→{H107 / F3}→④→⑤

2006RBⅡT0112：

①→②→③→④→⑤

2006RBⅡT0113：

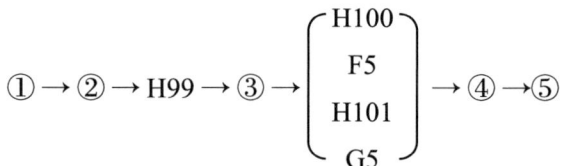

①→②→H99→③→{ H100 / F5 / H101 / G5 }→④→⑤

2006RBⅡT0114：

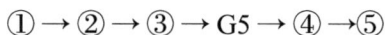

①→②→③→G5→④→⑤

2006RBⅡT0115：

①→②→③→④→⑤

2006RBⅡT0205：

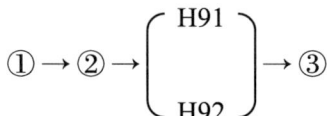

①→②→{ H91 / H92 }→③

2006RBⅡT0206：

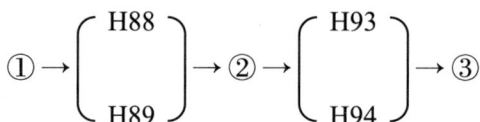

①→{ H88 / H89 }→②→{ H93 / H94 }→③

2006RBⅡT0207：

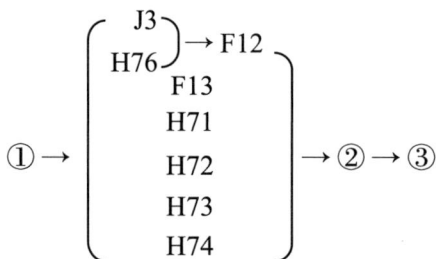

①→{ J3 / H76 }→F12 / { F13 / H71 / H72 / H73 / H74 }→②→③

2006RBⅡT0208：

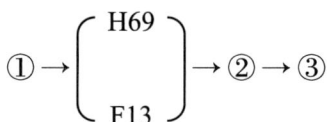

①→{ H69 / F13 }→②→③

2006RBⅡT0209：

①→②→G4→H77→③→H95→④

2006RBⅡT0210：

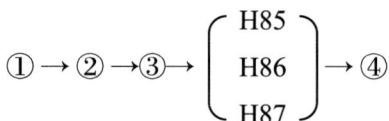

①→②→③→{ H85 / H86 / H87 }→④

2006RBT0101：

① → ② → ③

2006RBT0102：

① → ② → H40 → ③

2006RBT0103：

① → ② → ③

2006RBT0104：

① → ② → ③

2006RBT0105：

① → ② → ③

2006RBT0106：

① → ② → ③

2006RBT0107：

① → ② → F11 → ③

2006RBT0108：

$$① \rightarrow \begin{bmatrix} J1 \\ F10 \end{bmatrix} \rightarrow ② \rightarrow \begin{bmatrix} F11 \\ H22 \end{bmatrix} \rightarrow ③$$

2006RBT0109：

$$① \rightarrow J1 \rightarrow ② \rightarrow \begin{bmatrix} H1 \\ H2 \\ F15 \end{bmatrix} \rightarrow ③ \rightarrow H6 \rightarrow ④$$

2006RBT0110：

$$① \rightarrow ② \rightarrow \begin{bmatrix} H2 \\ H7 \\ H8 \\ F15 \end{bmatrix} \rightarrow ③ \rightarrow H3 \rightarrow ④$$

2006RBT0111：

① → ② → H98 → ③ → ④ → H42 → ⑤

2006RBT0112：

$$① \rightarrow ② \rightarrow ③ \rightarrow \begin{bmatrix} F4 \\ F5 \end{bmatrix} \rightarrow ④ \rightarrow \begin{bmatrix} H102 \\ H103 \end{bmatrix} \rightarrow ⑤$$

2006RBT0113：

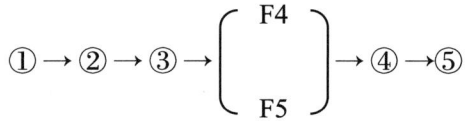

2006RBT0114：

①→②→③→④→⑤

2006RBT0115：

①→②→③→④→H104→⑤

2006RBT0201：

①→②→③

2006RBT0202：

①→②→③

2006RBT0203：

①→②→③

2006RBT0204：

①→②→③

2006RBT0205：

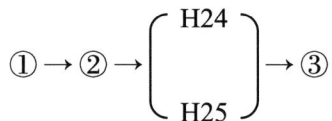

2006RBT0206：

①→H36→②→③

2006RBT0207：

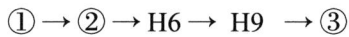

2006RBT0208：

①→F10→②→③

2006RBT0209：

①→②→H6→H9→③

2006RBT0210：

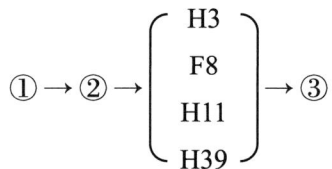

2006RBT0211：

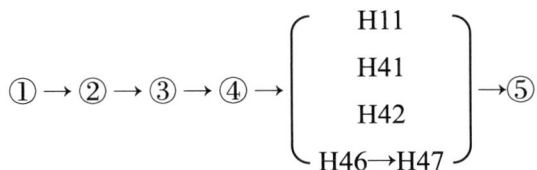

2006RBT0212：

2006RBT0213：

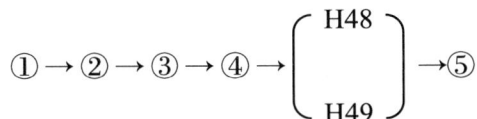

2006RBT0214：

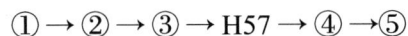

2006RBT0215：

① → ② → ③ → ④ →⑤

2006RBT0216：

① → ② → ③ → ④ →⑤

2006RBT0217：

① → ② → ③ → ④ →⑤

2006RBT0218：

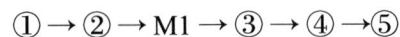

2006RBT0301：

① → ② → ③

2006RBT0302：

① → ② → ③

2006RBT0303：

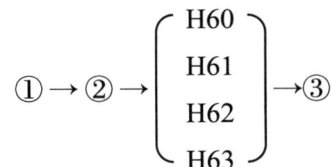

2006RBT0304：

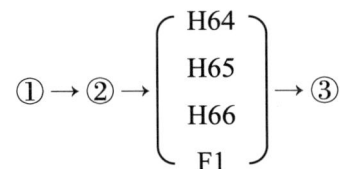

2006RBT0305：

① → ② → F1 → ③

2006RBT0306：

① → H38 → ② → ③

2006RBT0307：

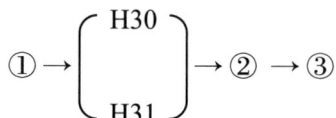

2006RBT0308：

① → ② → ③

2006RBT0309：

① → ② → ③

2006RBT0310：

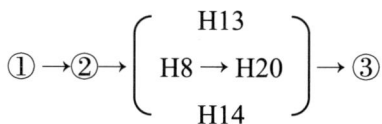

2006RBT0311：

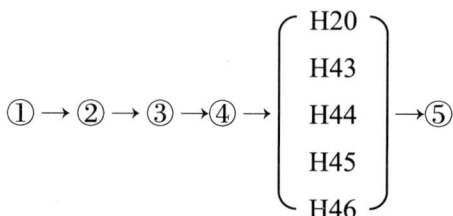

2006RBT0312：

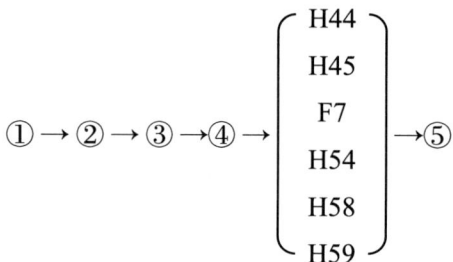

2006RBT0313：

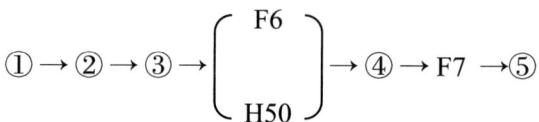

2006RBT0314：

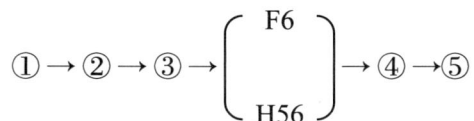

2006RBT0315：

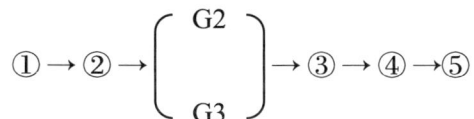

2006RBT0316：

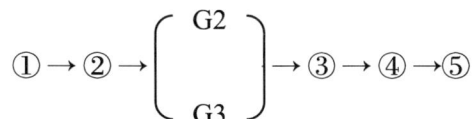

2006RBT0317：

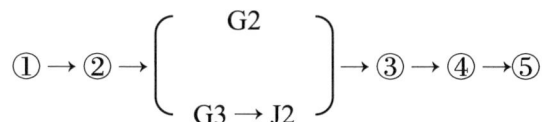

2006RBT0318：

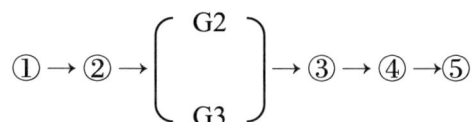

2006RBT0401：

① → ② → ③

2006RBT0402：

① → ② → ③

2006RBT0403：

① → H67→ ② →③

2006RBT0404：

① → ② → ③

2006RBT0405：

① → ② → F1 → ③

2006RBT0406：

① → ② → ③

2006RBT0407：

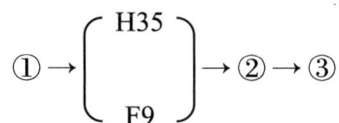

2006RBT0408：

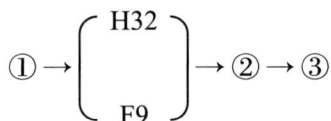

2006RBT0409：

① → ② → ③

2006RBT0410：

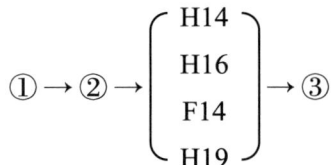

2006RBT0411：

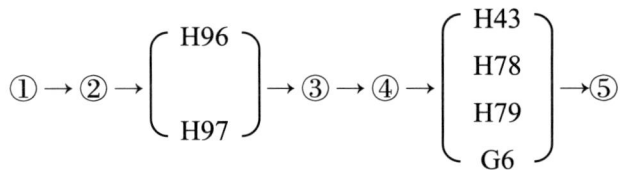

2006RBT0412：

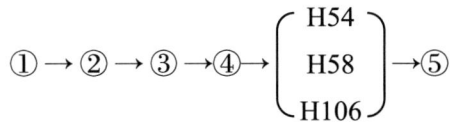

第三章　新石器时代遗存

第一节　遗迹、遗物总述

一、遗　迹

本次发掘的遗迹共包括房址、灰坑、沟三类①。

1. 房址

共发现房址15座（编号F1~F15），其中9座（F3~F6、F9、F10、F12、F13、F15）开口于第3层下，6座（F1、F2、F7、F8、F11、F14）开口于第4层下。均为半地穴式，长方形或不规则长方形，门道有三种，即斜坡式、阶梯式和竖穴式。门道的方向不一致，但多大致朝西、南或东，个别朝东北方向。房址一般长约3.5、宽2~2.5米，地穴深0.6~0.9米。门道宽约0.7米。

2. 灰坑

共发现灰坑78个，其中28个（H1、H2、H7、H8、H30~H32、H35、H36、H38、H50、H56、H57、H67~H69、H71~H74、H76、H77、H84、H88、H89、H100、H101、H107）开口于第3层下，50个（H3、H6、H9、H11、H13、H14、H16、H19、H20、H22、H24、H25、H39~H49、H54、H58~H66、H78~H80、H82、H85~H87、H90~H95、H102~H104、H106）开口于第4层下。

灰坑坑口平面多为圆形或椭圆形，少量形状不很规则；坑壁分直壁、斜壁或弧壁两类；坑底多为圜底，少量平底。灰坑中填土多含红烧土、碳渣和较多的草木灰，土色呈灰黑色，土质较疏松。坑内包含遗物丰富，主要是泥质、夹云母红陶、灰陶和褐陶片。

---

① 遗迹总述部分使用统一后的地层进行描述，特此说明。

3. 灰沟

共发现灰沟2条，1条（G5）开口于第3层下，1条（G6）开口于第4层下。这两条沟填土为暗褐色，出土红陶片等，沟中出土遗物相对较少。

二、遗　物

共出土石质遗物100余件，其中绝大部分形状不规整，加工痕迹不明显，或仅为普通石块。石质主要为流纹岩、长石石英斑岩、燧石和角砾岩。出土于新石器时代文化层或遗迹，加工痕迹可辨的石器56件，其中可辨器形者30余件。出土的5000余件陶片中，4500余件属于新石器时代，其中复原陶器18件。现按质地分别介绍如下。

1. 石器

均为生产工具，器类以斧、磨石、磨盘、磨棒为多，也有杵、镰、石叶、石球、砍砸器等。多为磨制，部分石器经过磨光加工，器形规整，少量则仅经简单加工。

石斧　8件。均通体磨光，制作较精，体扁平，平面略呈梯形。通体自肩部向刃部变宽，刃部呈弧形，两面开刃，但偏向一面。

F4：7，磨制，褐色，器形较为完整，平面近似上窄下宽的梯形，两侧面弧圆，刃部呈弧形，双面刃，局部残，通体磨光。最长6.7厘米，顶宽3厘米，刃部宽4.3厘米，厚1.4厘米（图八，1；图版三，1）。

H46：9，石斧，磨制，器物表面光滑，平面呈梯形，双面刃。长6.5厘米，宽5厘米，厚1.2厘米（见图八三，8；图版三，2）。

F8：5，石斧，青石质，青黑色，两面为磨制，周边有打制痕迹。质地坚硬，顶和刃部残缺。长11厘米，宽6.8厘米，厚3.2厘米（见图三〇，8；图版三，3）。

磨石　均残，以砂岩制成，形状不规则，大小不等。

磨盘、磨棒　共发现石磨棒残件16件，石磨盘残块6件。未见完整者，尤其以磨盘为甚，从残存部分及石磨棒的形制判断，磨盘平面基本呈椭圆形，但多数形状不很规则，未见刻意加工的明显特征，少数磨盘边缘经过加工。

H76：1，磨盘，砂石质，磨制，器物较大，质地粗糙，长方形圆角弧边，残断，中部较凹，使用时间较长。残长24.4厘米，宽14.7厘米，厚1.8～4.2厘米（图八，5；图版三，4）。

F14：1，磨棒，磨制，圆柱状，横截面呈椭圆形。残长6.7厘米，宽3.9厘米，厚2.7厘米（图八，4）。

Ⅱ T0111④：1，磨棒，磨制，扁柱状，一面器表残缺，其余部分完好，棒端平而圆滑，端面呈椭圆形。横截面呈椭圆形。长30厘米，宽8厘米，厚5厘米（图版三，5）。

ⅡT0210②：2，磨棒，磨制，残断，仅剩一端，正面椭圆形，棒端较圆，约距圆端4厘米处下凹。背面形制与正面同，但下凹略浅。凹处一侧较厚，向另一侧变薄。残长9厘米，宽5厘米，凹处厚1.8～0.4厘米（图版三，6）。

杵　共3件，多呈圆柱体，杵头呈圆形，有明显的使用痕迹。

F2：17，石杵，磨制，褐色，表面光滑。长16厘米，宽4厘米（图八，2；图版三，7）。

镰/镢　1件，残，仅存尖部，呈三角形，有尖，两边开刃。

H24：1，石镰或镢，磨制，平面呈三角形，两侧有较宽的刃。长6.9厘米，宽3.4厘米，厚0.5厘米（图八，3；图版四，1）。

细石叶/刮削器　2件，石料为石英岩，打制。一头尖，另一头渐宽，两面开刃，单脊。

H3：17，细石叶或刮削器，黑褐色，长条形片状，一端尖利。长约3厘米，宽1厘米（见图五〇，3；图版四，3左）。

石球　1件。

T0108②：3，打制，褐色，表面不甚平整光滑，呈长椭圆形，一端略粗。长径11厘米，短径7厘米。

砍砸器　1件。

F2：18，打制，褐色，表面有自然剥裂面，形状不规则，一端粗圆，向另一端渐细，粗的一端有使用痕迹。最长8.4厘米，最宽处5.3厘米（图版四，2）。

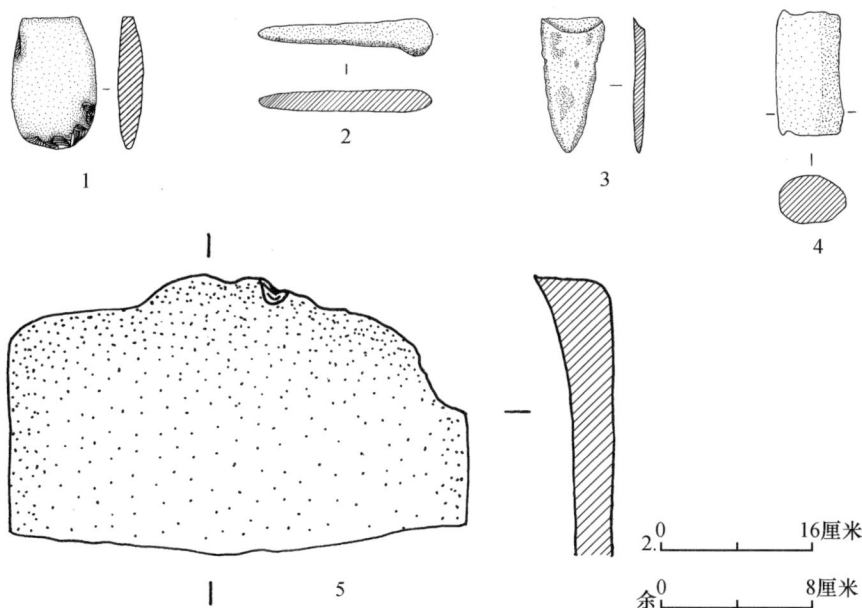

图八　石器

1.斧（F4：7）　2.杵（F2：17）　3.镰/镢（H24：1）　4.磨棒（F14：1）　5.磨盘（H76：1）

2. 陶器

共有陶片5000余件，其中新石器时代陶片4500余件，复原新石器时代陶器18件。

新石器时代陶器基本上是生活用具。陶器质地以泥质陶为主，约占61%；夹云母陶次之，约占38%；夹砂陶仅占不到1%。夹砂陶基本上是夹细砂，砂粒细小均匀。泥质陶为经淘洗的细泥陶，钵类泥质陶器胎极薄。夹云母陶一般是炊煮器，器胎中均匀地掺和大量白色的云母片（表二）。

表二　陶质比例与器类分布表

陶质	泥质	夹云母	夹砂
比例	61%	38%	1%
器类	碗钵、壶、瓶	釜、鼎	罐

陶色基本上分为三类，总体上以红陶为主，约占46%，灰陶和褐陶各占27%。另有极少量黑陶，但颜色并非是纯黑，略呈灰调，不过比常见的灰色要黑得多。陶色与质地的分配很不均匀，泥质陶中，红陶为主，约占65%；灰陶次之，约占33%；褐陶很少，仅占2%。夹云母陶以褐陶为主，约占67%；红陶和灰陶比例相近，分别约占17%和16%。夹砂陶中，只有红陶和褐陶两种，主要是红陶，约占93%，褐陶仅占7%（表三）。

表三　陶色比例表

陶色	红陶	灰陶	褐陶
占总数比例	46%	27%	27%
占泥质陶比例	65%	33%	2%
占夹云母陶例	17%	16%	67%
占夹砂陶比例	93%		7%

泥质陶主要是碗、钵、壶、瓶等器类，夹砂陶主要是罐等器类，夹云母陶主要是釜、鼎等器类。陶器除部分器盖上饰有指甲纹或楔点纹外，均为素面陶，不见彩陶。泥质陶器表多经磨光加工，十分光滑。红顶碗钵、红顶盆占相当大的比重。陶器制法基本上是手制，极少量轮制，但有不少见到慢轮加工的痕迹。部分器内壁见有工具刮、抹遗留下的痕迹。器形比较规整，但并不完全对称。烧制火候不很高，陶质较酥软。器型多为圜底器、平底器，三足器较少，不见圈足器。可辨器型的陶片约1550余件，陶器种类有釜、鼎、罐、壶、小口瓶、盆、钵或碗、器盖、支座、环等，完整及复原陶器共18件。据可辨器类统计，绝大部分是炊饮器，其中釜、钵占较大比例，陶鼎、罐、瓶、支座、环较少。特别是陶罐，多为较小的残片，难以确定。各器类型式划分见附表。

　　釜　均为夹云母陶质，素面，多为侈口、折沿或卷沿、腹部较圆、圜底，器形较大，器胎较厚；口沿变化多样，有些口沿较直，有些较向上外侧倾斜，有些则变成平沿甚至下悬。根据口沿标本统计，共27件。据口沿部形态，可分为三型。

　　A型　折沿，敞口。据沿部宽窄分二式。

　　Ⅰ式　窄沿。

　　F4：2，夹细砂、夹云母褐陶，有灰褐色色斑。折沿，沿面微鼓，尖圆唇。残高7.2厘米（图九，2）。

　　T0209②：1，夹砂夹云母红陶，折沿，圆唇，鼓腹。残高11.6厘米（图九，1）。

　　T0311③：3，夹砂夹云母红褐陶，陶色不均匀，部分地方为黑色。折沿，圆唇。残高6.4厘米（图九，4）。

　　Ⅱ式　宽沿。

　　F4：1，夹砂夹云母灰褐陶，宽折沿，侈口，尖唇。残高6.2厘米（图九，5）。

　　T0108②：4，夹砂夹云母褐陶，折沿，宽沿，尖唇，腹较直。口径24厘米，残高8.4厘米（图九，3）。

　　B型　折沿近平或平沿。根据口沿部角度，可分为二式。

　　Ⅰ式　折沿近平。

　　F9：7，夹砂、夹云母红陶，折沿近平，尖唇，有修整痕迹。残高6.4厘米（图

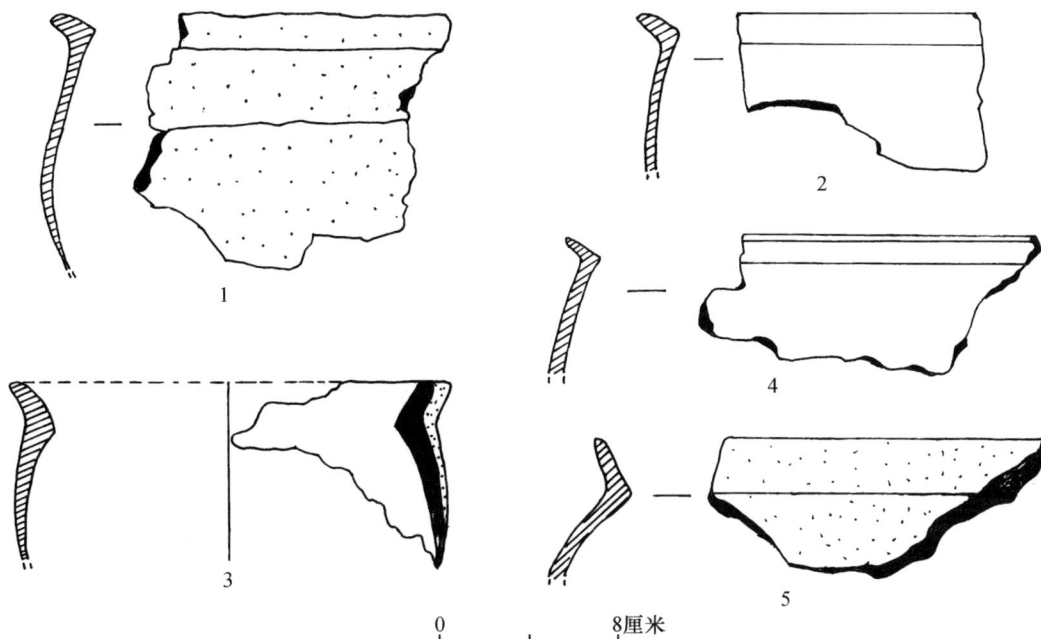

图九　A型陶釜

1. AⅠ式（T0209②：1）　2. AⅠ式（F4：2）　3. AⅡ式（T0108②：4）
4. AⅠ式（T0311③：3）　5. AⅡ式（F4：1）

一○，7）。

　　ⅡT0106②：1，夹砂红陶，窄折沿近平，尖圆唇。残高10厘米（图一○，6）。

　　Ⅱ式　平沿。

　　F12：3，夹云母红陶，平折沿，尖唇。残高4厘米（图一○，4）。

　　T0401②：3，夹砂夹云母褐陶，窄平沿，尖圆唇。残高5厘米（图一○，5）。

　　C型　卷沿。

　　ⅡT0110②：1，夹砂红陶，卷沿尖圆唇，器壁较薄。残高4.4厘米（图一○，2）。

　　T0115②：9，加细砂夹云母红褐陶，卷沿，尖圆唇，腹部微外鼓。残高5厘米（图一○，1）。

　　T0211③：1，夹云母褐陶，窄卷沿，尖圆唇。残高7厘米（图一○，3）。

　　鼎　出土5件鼎足，无完整器，亦未见足与腹部相接处的陶片，因此无法判断鼎的器身及总体形制。5件鼎足均为夹云母红陶。

　　根据鼎足的形制，可分为二型。

　　A型　柱足。共4件，横截面有不规则四边形、圆形、椭圆形几种。足高从4.5～13.5厘米不等。

　　H43：7，柱足较高，横截面呈椭圆形，上粗下细。足高13.5厘米，横截面直径2.5～3.6厘米（图一一，6；图版四，4）。

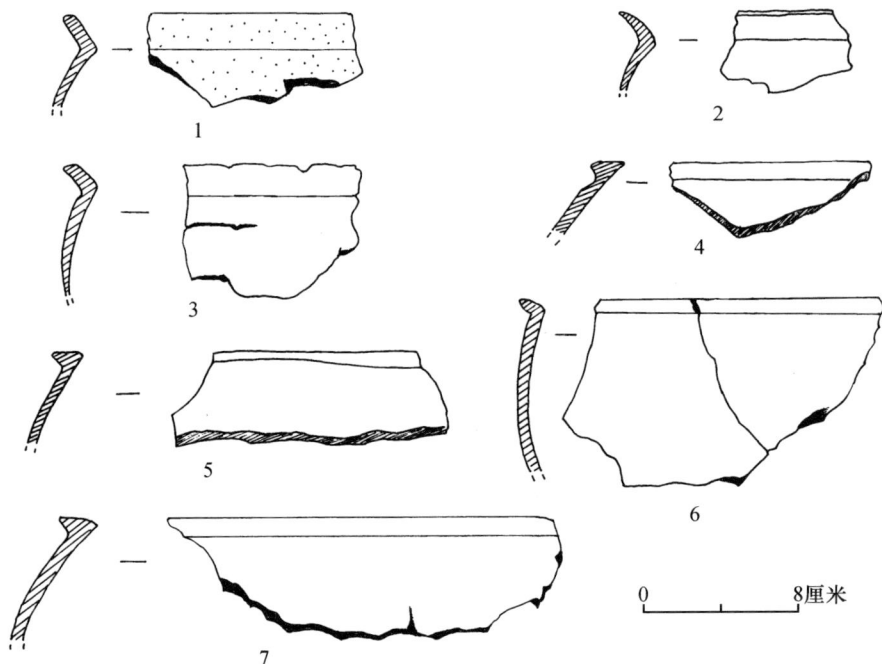

图一○　B型、C型陶釜

1. C型（T0115②：9）　2. C型（ⅡT0110②：1）　3. C型（T0211③：1）　4. BⅡ式（F12：3）
5. BⅡ式（T0401②：3）　6. BⅠ式（ⅡT0106②：1）　7. BⅠ式（F9：7）

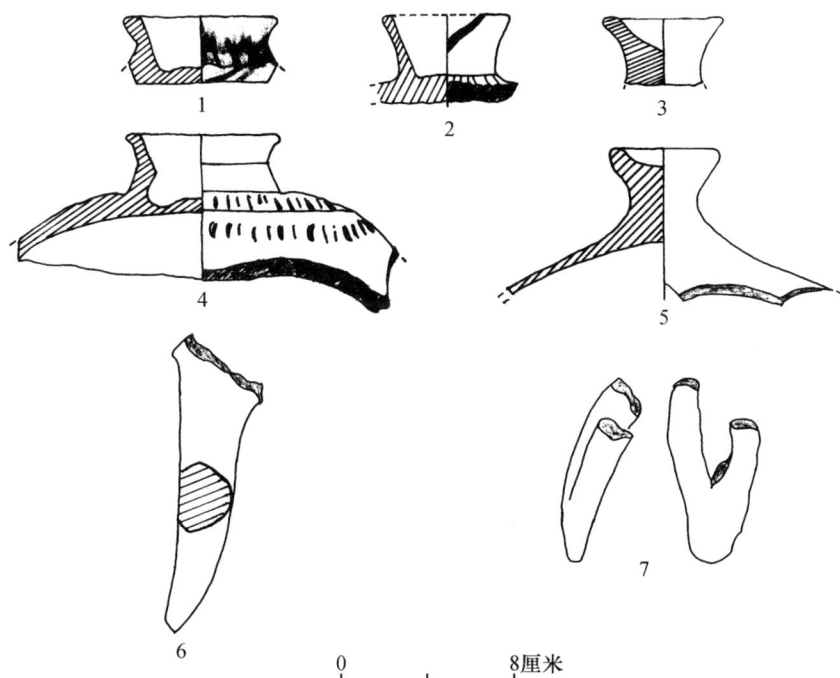

图一一　陶鼎足、器盖纽

1. A型（T0309②：5）　2. A型（ⅡT0111③：5）　3. B型（T0112③：1）　4. A型（H48：2）　5. B型（T0109②：1）
6. A型（H43：7）　7. B型（F15：7）

H46：8，足较矮，夹砂红陶，侧视略呈三角形，横截面呈不规则四边形。高7厘米（见图八三，10）

B型　"V"字形足。共1件。

F15：7，夹砂褐陶，分叉呈"V"字形。高8.5厘米（图一一，7；图版四，5）。

小口双耳壶　绝大多数为泥质红陶，个别为夹云母红陶。小口，直领，宽肩，深腹，平底，双耳，器较厚重，壁较厚。

根据耳的形制和位置，可分为二型。

A型　双系耳壶。包括复原完整器2件，壶口8件和耳6件。系耳位于器颈与器腹之间的肩部，拱形，上部加大形成较锐的角，正面较窄，横截面近圆形。

H43：6，小口略外侈，直领圆唇，斜肩，双系，鼓腹，平底。口径9.5厘米，最大腹径28厘米，底径12厘米，高28.8厘米（图一二，1；图版五，1）。

F10：2，泥质红陶，素面，手制。直口，微侈，卷沿，圆唇，溜肩，深腹，平底。口径8.5厘米，最大腹径26.5厘米，底径10厘米，通高29厘米（见图三八，1；图版五，2）。

T0312④：1，泥质红陶。残宽8厘米，残高8.2厘米，器耳直径1～1.8厘米（图一二，5）。

T0312④：2，泥质红陶。残宽5厘米，残高7厘米，器耳直径1.2～1.6厘米（图一二，2）。

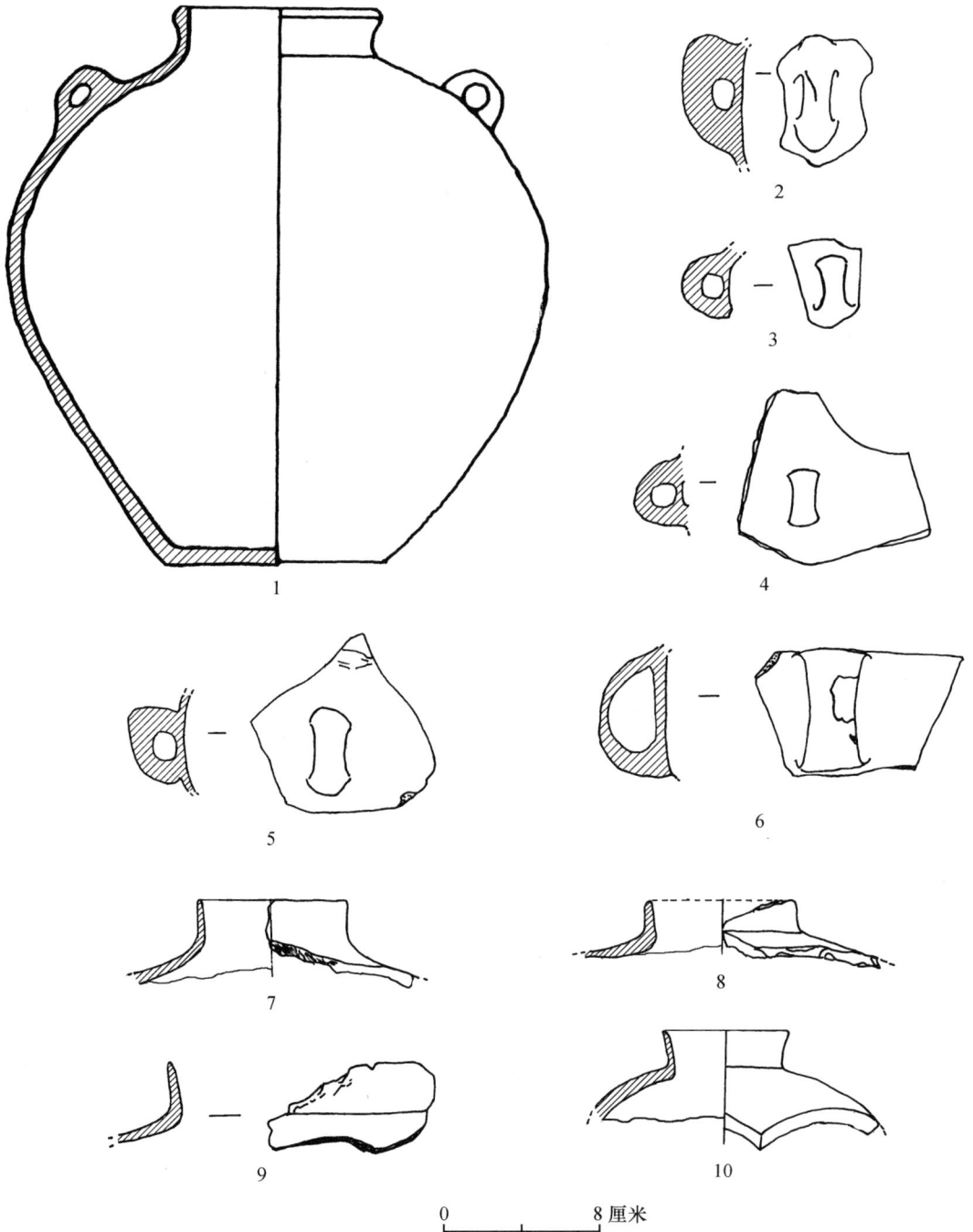

图一二　陶小口双耳壶

1.A型（H43：6）　2.A型（T0312④：2）　3.A型（T0309②：4）　4.A型（T0309②：3）　5.A型（T0312④：1）
6.B型（F15：1）　7.T0207②：1　8.T0309②：1　9.T0309②：2　10.T0312①：1

T0309②：3，泥质红陶。残宽9.8厘米，残高9.5厘米，器耳直径1.3厘米（图一二，4）。

T0309②：4，泥质红陶。残高4.6厘米，残宽3.9厘米，器耳直径1厘米（图一二，3）。

B型　双腹耳壶。本遗址仅见器耳2件。根据其他遗址复原器物可知此类壶为双腹耳，腹耳位于器腹部，位置较肩耳为低，拱形，耳较大，正面较宽。

F15：1，泥质红陶，弓形，宽耳。残宽10.5厘米，残高5.7厘米，耳宽4.2～5.2厘米，耳高5.5厘米（图一二，6）。

此外还有部分口沿，无法划分型式。

T0207②：1，泥质红陶，直口，尖圆唇。口径7.9厘米，残高4.2厘米（图一二，7）。

T0309②：1，泥质红陶，直口微侈，尖圆唇。口径7.6厘米，残高3厘米（图一二，8）。

T0309②：2，泥质红陶，直口微侈，尖唇。残高4.2厘米（图一二，9）。

T0312①：1，泥质红陶，直口微侈，尖唇。口径7厘米，残高5.2厘米（图一二，10）。

瓶　1件，仅为口沿残件，泥质红陶，手制，口较小，颈以下残。

F8：1，瓶口部，为小口，侈口，卷沿，厚圆唇。口径4.4厘米，残高4厘米（见图三〇，5；图版五，3）。

盆　以泥质红陶盆居多，少数为夹砂。一般为手制，使用慢轮加工。盆的数量不多，无复原器。共发现口沿残片21件。根据口沿部特征可分为三型。

A型　圆唇，平沿。共8件。

F5：1，泥质红陶，平沿，尖圆唇。残高8厘米（图一三，1）。

T0112④：5，泥质红陶，平沿，尖唇，斜腹。残高4厘米（图一三，6）。

T0114②：4，泥质褐陶，平沿，尖圆唇，斜腹。残高3.6厘米（图一三，4）。

T0210②：5，夹砂红陶，平折沿，尖圆唇，腹微鼓。残高4.1厘米（图一三，3）。

Ⅱ T0209②：1，泥质红陶，折沿，尖唇，斜直腹。残高8.4厘米（图一三，2）。

B型　尖圆唇，斜沿。共4件。

H95：2，泥质红陶，卷沿，尖唇，腹微鼓。残高6.2厘米（图一三，8）。

T0113③：1，斜卷沿，圆唇，斜直腹。残高4厘米（图一三，5）。

Ⅱ T0210②：1，泥质褐陶，窄折沿，尖唇，腹部微鼓。残高9.2厘米（图一三，7）。

C型　厚沿外翻。共9件。

F9：3，泥质红陶，厚唇外翻，鼓腹。口径28厘米，残高6厘米（图一四，6）。

T0112④：2，泥质红陶，厚唇外翻，斜直腹。残高4.2厘米（图一四，1）。

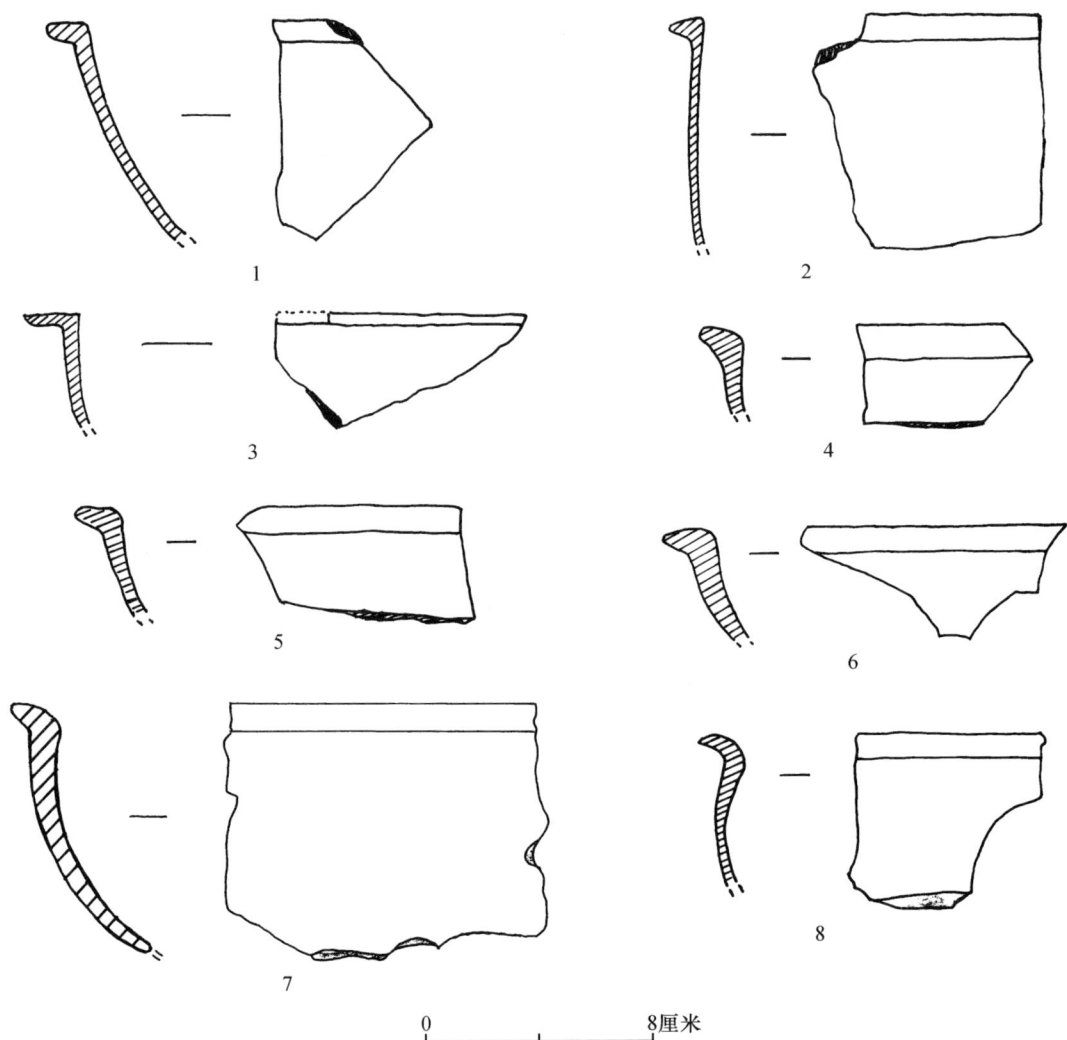

0 _____ 8厘米

图一三　A型、B型陶盆

1. A型（F5：1）　2. A型（ⅡT0209②：1）　3. A型（T0210②：5）　4. A型（T0114②：4）　5. B型（T0113③：1）

6. A型（T0112④：5）　7. B型（ⅡT0210②：1）　8. B型（H95：2）

　　T0210②：6，泥质红陶，厚唇外翻，斜直腹。口径23.2厘米，残高3.2厘米（图一四，4）。

　　T0309②：6，泥质褐陶，厚唇外翻，斜直腹。口径22厘米，残高7.2厘米（图一四，3）。

　　T0313③：1，泥质灰陶，红顶，厚唇外翻，腹部微鼓。口径28厘米，残高7厘米（图一四，5）。

　　ⅡT0111③：6，泥质褐陶，厚唇外翻，腹部微鼓。残高6.8厘米，唇下方约2.5厘米处有一圆孔，孔径约0.5厘米（图一四，2）。

　　钵　数量多，变化大，均为泥质，器壁较薄。敞口，圆唇或近尖唇，部分有外翻

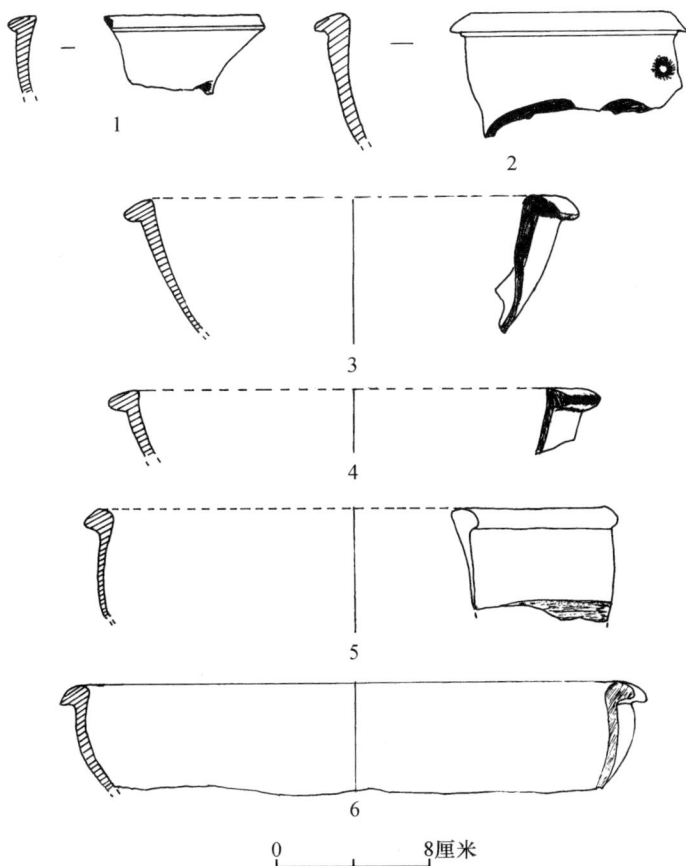

图一四　C型陶盆

1. T0112④：2　2. ⅡT0111③：6　3. T0309②：6　4. T0210②：6　5. T0313③：1　6. F9：3

的小沿。斜腹，圜底或小平底，部分底部有一凹圈。按照陶色可分为三类。

（1）红顶钵　数量最多，即由于烧造原因形成的上部红色下部灰色或灰红色的红顶钵，复原完整器8件。根据口部形态，可分为二型。

A型　尖圆唇，口部无装饰。共复原完整器4件，标本11件。根据其他遗址地层关系，根据腹部形态可分为二式。

Ⅰ式　大敞口，斜腹，腹较浅。

H35：1，泥质灰陶，红顶，大敞口，尖圆唇，斜腹，腹部较浅，小平底。口径30厘米，底径6厘米，高10厘米（图一五，4）。

H43：10，泥质灰陶，红顶，大敞口，尖圆唇，浅腹，平底，胎质较薄。口径34厘米，底径8厘米，高9厘米（图一五，5；图版六，1）。

T0312④：4，泥质褐陶，红顶，大敞口，尖圆唇，斜直腹。残高7.8厘米（图一五，3）。

Ⅱ式　敞口，腹部斜直，腹部较深。

F9：6，泥质灰陶，红顶，敞口，尖圆唇，斜直腹，小平底。口径约22厘米，底径6.5厘米，深13.2厘米（图一五，2；图版六，2）。

T0310②：2，泥质褐陶，红顶，敞口，尖圆唇，斜直腹。残高5.4厘米（图一五，1）。

B型　圆唇，口部有加厚泥条，或有凸棱，或有浅凹槽。一般口部斜直，腹部较深。共复原完整器4件，标本14件。根据其他遗址地层关系，根据腹部形态可分为二式。

Ⅰ式　敞口，斜腹，腹较浅。

F15：2，泥质灰陶，红顶，敞口，浅腹，唇部加厚外卷，平底。口径30厘米，底径10厘米，高11.5厘米（图一六，4；图版六，3）。

Ⅱ式　敞口，腹部斜直，腹部较深。

F2：15，泥质灰陶，红顶，直口，唇部有较宽的加厚泥条，斜直腹，凹底。口径

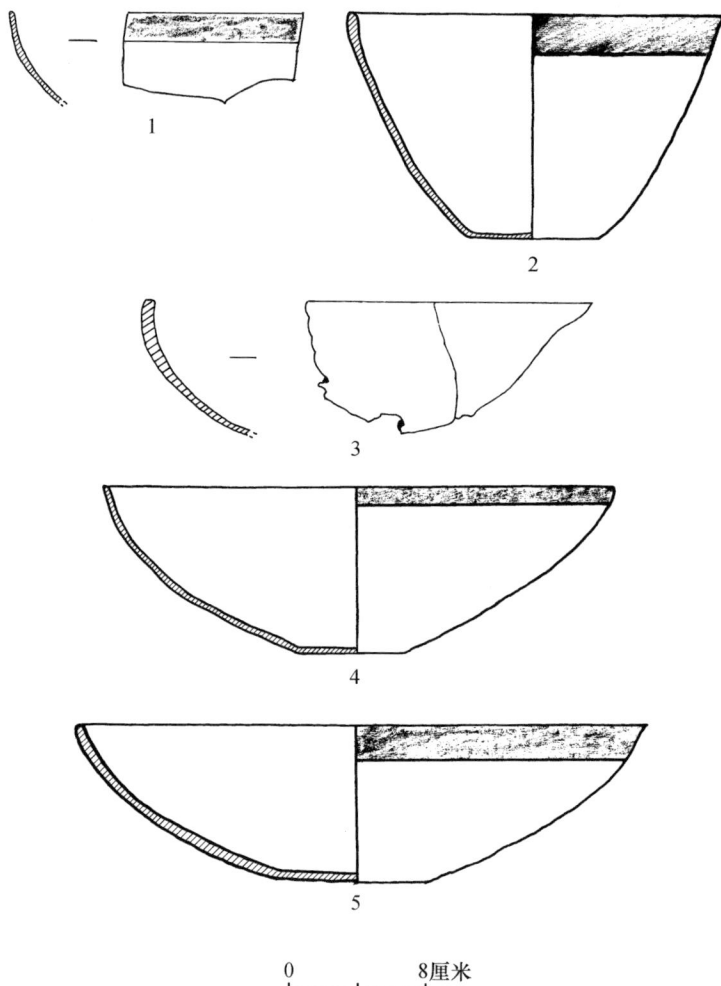

0 ————— 8厘米

图一五　A型陶红顶钵

1.Ⅱ式（T0310②：2）　2.Ⅱ式（F9：6）　3.Ⅰ式（T0312④：4）　4.Ⅰ式（H35：1）　5.Ⅰ式（H43：10）

34厘米，底径11厘米，高19厘米（图一六，3；图版六，4）。

F2：1，泥质灰陶，红顶，直口微敛，唇部有窄而圆的加厚泥条，腹壁圆弧。平底。壁内红色。口径30.5厘米，底径11.5厘米，高18.4厘米（图一六，2；图版六，5）。

H3：14，泥质灰陶，红顶，直口微敞，圆唇，口部加厚，深腹。口径25.6厘米，底径10厘米，高14厘米（图一六，5；图版六，6）。

T0211④：2，泥质灰陶，红顶，直口，圆唇，唇下方有一周凸棱，残高5.8厘米（图一六，1）。

（2）红陶钵　复原完整器1件，口沿标本12件。均为泥质红陶，大多数为敞口，口部大多略加厚，或有不甚明显的凸棱或凹槽。根据其他遗址地层关系，可分为二式。

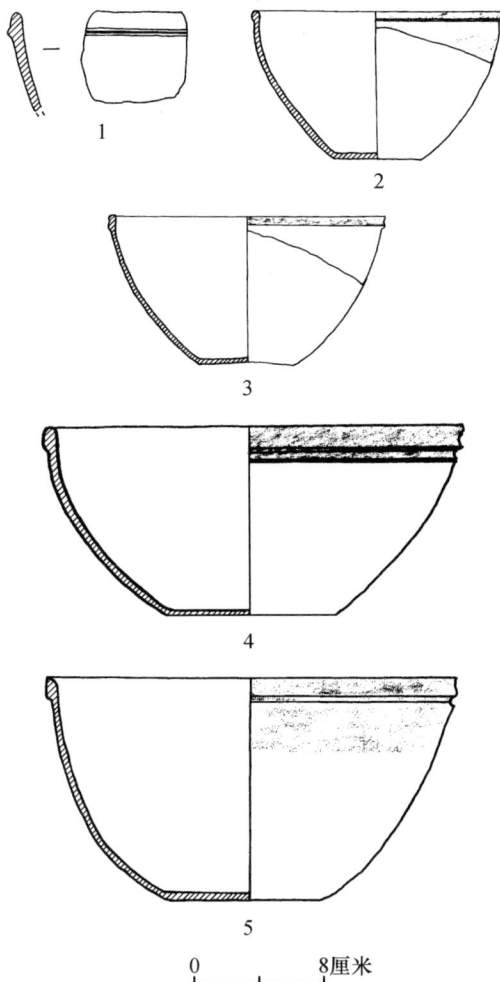

图一六　B型陶红顶钵

1. Ⅱ式（T0211④：2）　2. Ⅱ式（F2：1）　3. Ⅱ式（F2：15）　4. Ⅰ式（F15：2）　5. Ⅱ式（H3：14）

Ⅰ式　敞口，腹部较深。共9件。

F6：1，泥质红陶，敞口，圆唇，唇部加厚，斜腹，小平底。碗中部薄，火候低。口径22.5厘米，底径8厘米，高约13.8厘米（图一七，1；图版五，4）。

T0210②：7，泥质褐陶，直口微敛，圆唇，器表磨光，口沿外部有三条不规则的凸棱。残高3.8厘米（图一七，2）。

Ⅱ式　敛口，腹部较浅。共3件。

H6：4，泥质红陶，敛口，圆唇，唇下有一周较细的凸棱，口沿外有涂抹的泥层。残高9厘米（图一七，4）。

T0112④：3，泥质红陶，敛口，尖唇，唇下有一周钱凹槽。残高5厘米（图一七，3）。

（3）灰陶钵　数量很少，复原完整器1件，口沿标本3件。泥质或夹砂灰陶，敞口，斜腹，部分唇部略加厚。

H95：1，夹砂灰褐陶，直口，圆唇，斜腹，平底。外壁口沿下有一横向刻划纹。腹部至底部刻划纹12组，每组3道。口径16.7厘米，底径6.6厘米，高15.2厘米（图一七，6；图版五，5）。

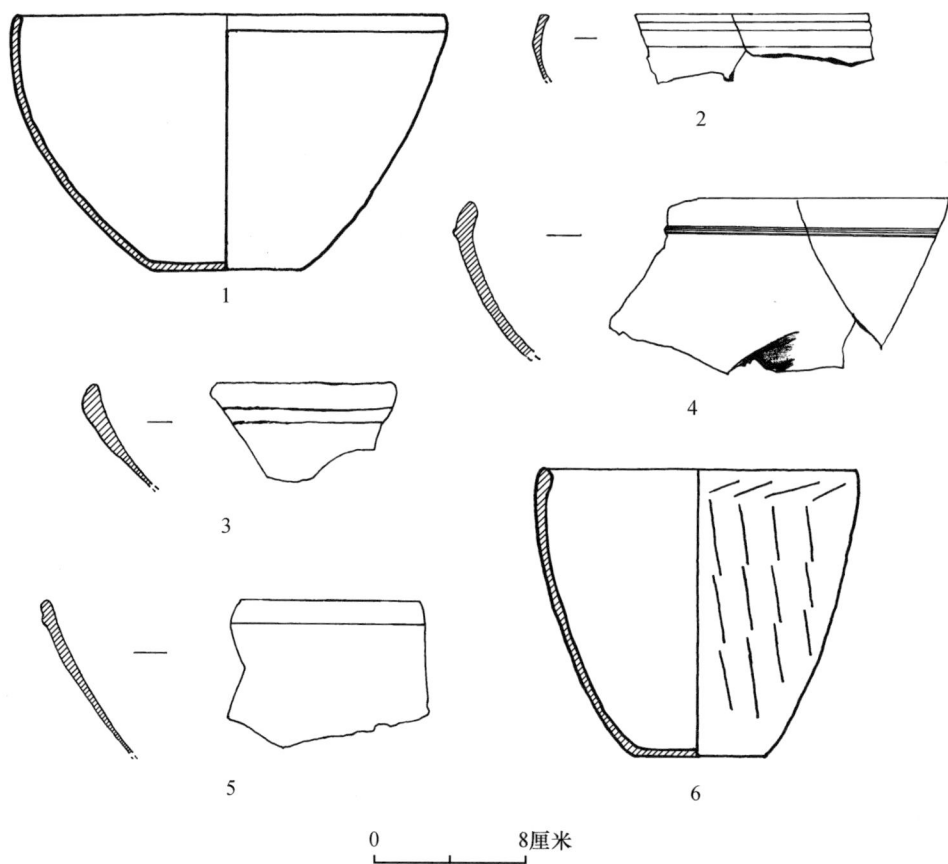

0 ────── 8厘米

图一七　红陶钵、灰陶钵

1.红陶钵（F6：1）　2.红陶钵（T0210②：7）　3.红陶钵（T0112④：3）　4.红陶钵（H6：4）

5.灰陶钵（ⅡT0111②：4）　6.灰陶钵（H95：1）

ⅡT0111②：4，泥质灰陶，敞口，圆唇，唇部加厚微突出。残高7.9厘米（图一七，5）。

盖纽　盖纽从陶质和形制上可分为两大类，有可能是不同种类器物的器盖。

A型　共9件。大多数为夹细砂红陶，个别为泥质红陶，圆形喇叭状盖纽，盖纽部分器壁较薄，器盖外侧盖纽下方环绕盖纽大多有1～2周或深或浅的指甲纹。

H48：2，夹砂红陶，圆形盖纽，中部微折，盖纽内部器表微突，器盖外部有两周条状指甲纹。盖纽直径7厘米，残高8厘米（图一一，4）。

T0309②：5，夹砂红陶，盖纽方唇，盖纽下方有一周指甲纹，指窝大而浅。盖纽直径7.2厘米，残高3厘米（图一一，1）。

ⅡT0111③：5，夹砂红陶，盖纽下方有一周很浅的指甲纹。盖纽直径6厘米，残高4厘米（图一一，2）。

B型　共4件。均为夹云母红陶，圆形喇叭状盖纽，盖纽部分器壁较厚，此类器盖均素面，无指甲纹。

T0109②：1，夹云母红陶，圆形盖纽，内部微凹。盖纽直径5.2厘米，残高5厘米（图一一，5）。

T0112③：1，夹云母红陶，圆形盖纽，内部微凹。盖纽直径5.6厘米，残高3.2厘米（图一一，3）。

器盖　器盖从陶质和形制上可分为两大类。

A型　共17件，均为夹砂红陶，大多数器盖边缘加厚泥条，或突出呈斜方唇，推测与A型盖纽为一体。

T0110②：2，夹砂褐陶，唇部加厚泥条。残高5厘米（图一八，1）。

T0211④：1，夹砂褐陶，斜方唇。残高6.1厘米（图一八，2）。

T0311③：2，夹砂褐陶，唇部外撇，尖圆唇。器表有刮抹修整的痕迹。残高5.8厘米（图一八，3）。

ⅡT0208③：1，夹砂褐陶，唇部略加厚，圆唇。器表有轮修痕迹及刮抹的纹饰。残高6.4厘米（图一八，4）。

B型　共4件，均为夹云母红陶，器盖边缘不加厚，推测与B型盖纽为一体。

H6：3，夹云母红陶，方唇。残高5.8厘米（图一八，5）。

支座　较好者4件，分两种形制，一种较大，顶部呈圆形，中部中间有一大孔，底部呈椭圆形。另一种顶部残，身较直，中部无孔，底部椭圆形，外侧面饰由刻划的直线组成的方格纹。一些房址灰烬堆积处往往还见有较大块的红烧土，似起到支座相同的作用。

F1：8，泥质灰褐陶，手制，整体近似梯形，顶部长方形，底部椭圆形，正面呈圆弧状，背面平整。正面饰刻划的菱形网格纹。正中有一条纵向裂隙。高14厘米，顶宽7厘米，厚4厘米，底宽12厘米，厚5厘米（图一九，2；图版五，6）。

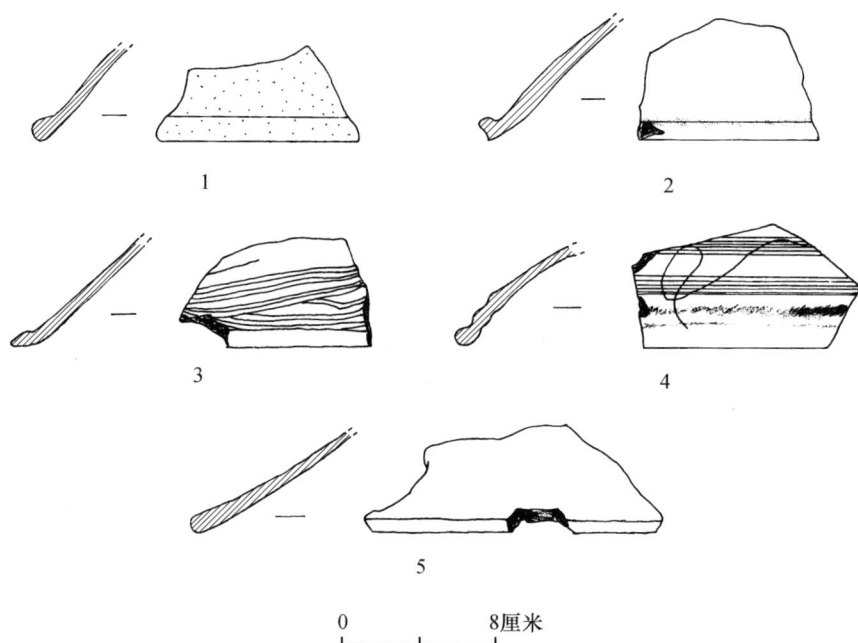

图一八　陶器盖

1.A型（ⅡT0110②：2）　2.A型（T0211④：1）　3.A型（T0311③：2）　4.A型（ⅡT0208③：1）　5.B型（H6：3）

F2：16，夹砂红陶，手制。顶和身之间内凹一圈，形成颈部，支座顶部椭圆形，表面平整，但向一侧倾斜。颈部以下形成平台式的肩部，其下为支座座身，近似梯形，上小下大。正面中部穿一椭圆形孔。平底，平面呈椭圆形。两侧对称部位各有乳钉6个。顶径12厘米，通高25厘米，底部椭圆长径20厘米，短径18厘米（图一九，1；图版五，7）。

环　数量很少，可能属于装饰品。

H3：13，夹砂灰陶，圆形，中空。外径2.6厘米，内径1.6厘米（见图五〇，13）。

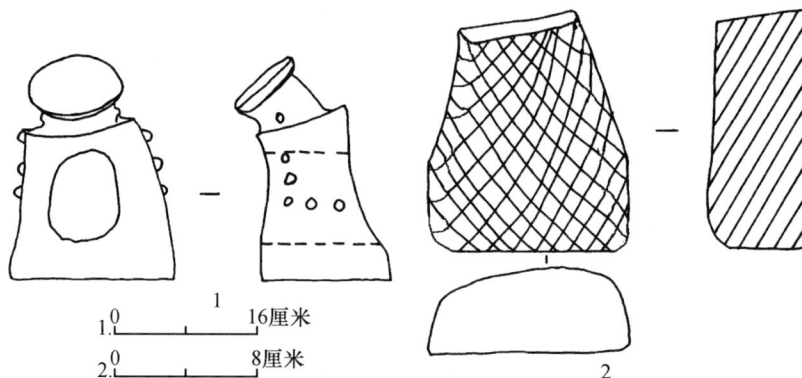

图一九　陶支座

1.F2：16　2.F1：8

第二节　遗迹、遗物分述

一、房　　址

1. F1

（1）基本形制

位于T0304、T0305和T0405，开口于第2层下，打破第3层和生土。为半地穴式，平面略呈"凸"字形，除门道大致呈长方形，不很规整，间宽约5.8米，进深3.15米，深0.9米，门向270度。房间正中略偏东南分布很厚的灰烬层、烧土遗迹及陶支座，当为火塘所在。火塘位置略低于周围地区。室内南部有5个柱洞。东面和北面有平台，平台上有9个柱洞。门道位于房西壁中部偏北，朝西开，为长条形斜坡式，门道北壁有6个柱洞。门道长4.9、宽1～1.3米（图二〇；图版七，1）。

（2）出土陶器

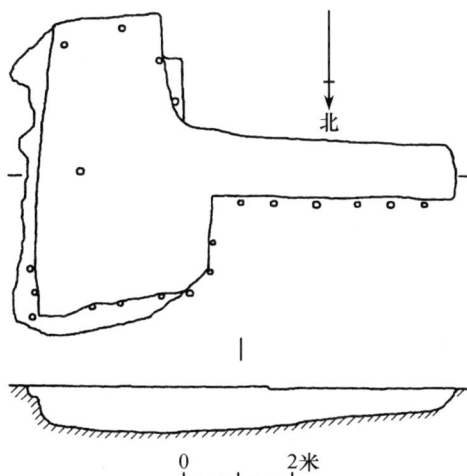

图二〇　F1平、剖面图

F1：1，釜，B型Ⅰ式，夹云母红陶，窄折沿近平，圆唇。经过修整，器壁光滑。残高4厘米（图二一，8）

F1：2，罐，泥质红陶，敛口，圆唇，唇下有浅凹槽，器内有慢轮修整痕迹。残高4厘米（图二一，1）。

F1：3，盖纽，A型，泥质红陶，未见指甲纹。胎土细腻，制作精细。口径5.8厘米，残高2.2厘米（图二一，2）。

F1：4，盖纽，B型，夹云母红陶，圆形，唇部有平台。直径5.8厘米，残高2.4厘米（图二一，3）。

F1：5，器盖，A型，夹砂红陶，圆唇。残高5厘米（图二一，4）。

F1：6，红顶钵，B型Ⅱ式，泥质灰陶，红顶，直口，方圆唇，唇部略突出，折腹。口径28厘米，残高5.2厘米（图二一，7）。

F1：7，红顶钵，A型Ⅰ式，泥质灰陶，红顶，大敞口，尖唇。残高8厘米（图二一，5）。

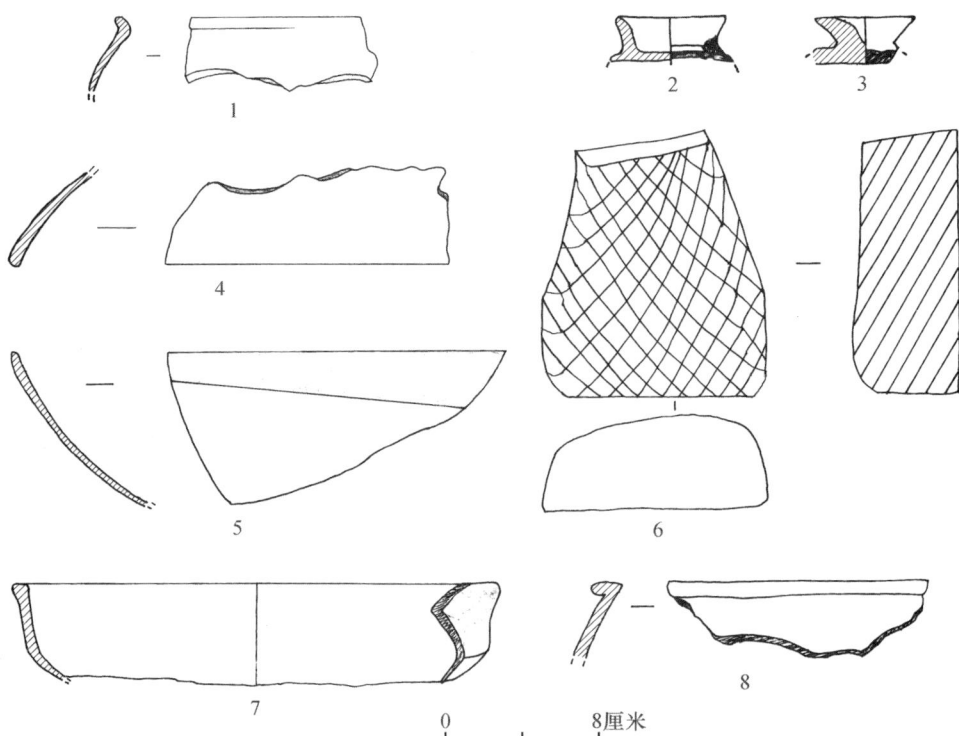

图二一　F1出土陶器

1. 釜（F1：2）　2. 盖纽（F1：3）　3. 盖纽（F1：4）　4. 器盖（F1：5）　5. 钵（F1：7）　6. 支座（F1：8）

7. 釜（F1：6）　8. 釜（F1：1）

　　F1：8，支座，泥质灰褐陶，菱形网格纹，手制，整体近似梯形，顶部长方形，底部椭圆形。网格纹布满器表。高14厘米，顶宽7厘米，厚4厘米，底宽12厘米，厚5厘米（图二一，6；见图版五，6）。

2. F2

（1）基本形制

　　位于ⅡT0109和ⅡT0108，开口于第3层下，打破第4层和生土。半地穴式，平面略呈"刀"形。房室略呈圆角方形，但不规则，长约2.7、宽2.6、深0.75米，门向西偏南。室内东南部较低，堆积较厚的灰烬和烧土，出土陶支座1个，为火塘处；西北部较高，呈台状。门道位于房子西南角，朝向西略偏南，为阶梯式，共有3级台阶。门道长1.2米，宽1米（图二二、图二三；图版七，2）。

（2）出土器物

① 陶器

　　F2：1，红顶钵，B型Ⅱ式，泥质灰陶，红顶，直口微敛，唇部有窄而圆的加厚泥条，腹壁圆弧。平底。壁内红色。口径30.5厘米，底径11.5厘米，高18.4厘米（图二四，10；见图版六，5）。

F2：2，釜，C型，夹云母红褐陶，宽卷沿微折，圆唇，口沿较厚。口径32厘米，残高8厘米（图二四，7）。

F2：3，红顶钵，B型Ⅱ式，泥质灰陶，红顶，直口，方圆唇，唇部加厚突出。残高9.8厘米（图二四，11）。

F2：4，釜，A型Ⅱ式，夹细砂夹云母褐陶，有黑色色斑。宽折沿，侈口。器壁厚度0.3厘米（图二四，14）。

F2：5，釜，A型Ⅱ式，夹细砂夹云母红褐陶，宽卷沿，微折，尖唇，厚薄、颜色不均匀。残高8.6厘米（图二四，13）。

F2：6，釜，A型Ⅱ式，夹云母红褐陶，颜色不均，宽折沿，圆唇，经慢轮修整。残高5.8厘米（图二四，12）。

F2：7，器盖，A型，泥质红陶，从断面可见中间为灰色。唇部加厚泥条，方圆唇。残高4.4厘米（图二四，2）。

F2：8，器盖，A型，夹砂红陶，从断面可见中间为灰色，唇部加厚，方圆唇。口径32.2厘米，残高8厘米（图二四，1）。

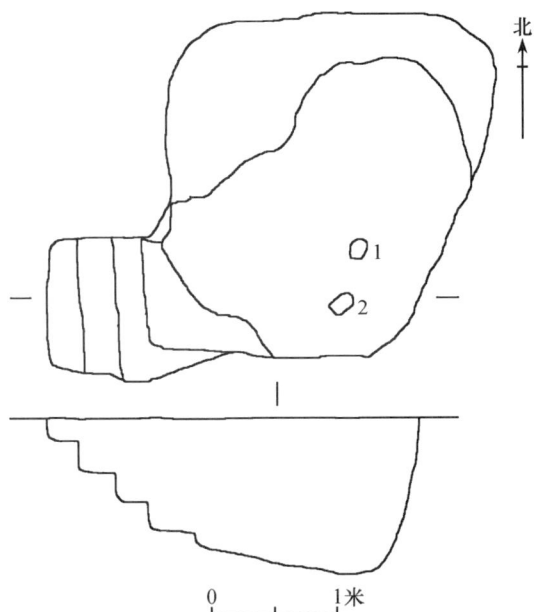

北

0　　　　　1米

图二二　F2平、剖面图
1、2.陶支架

图二三　F2发掘现场

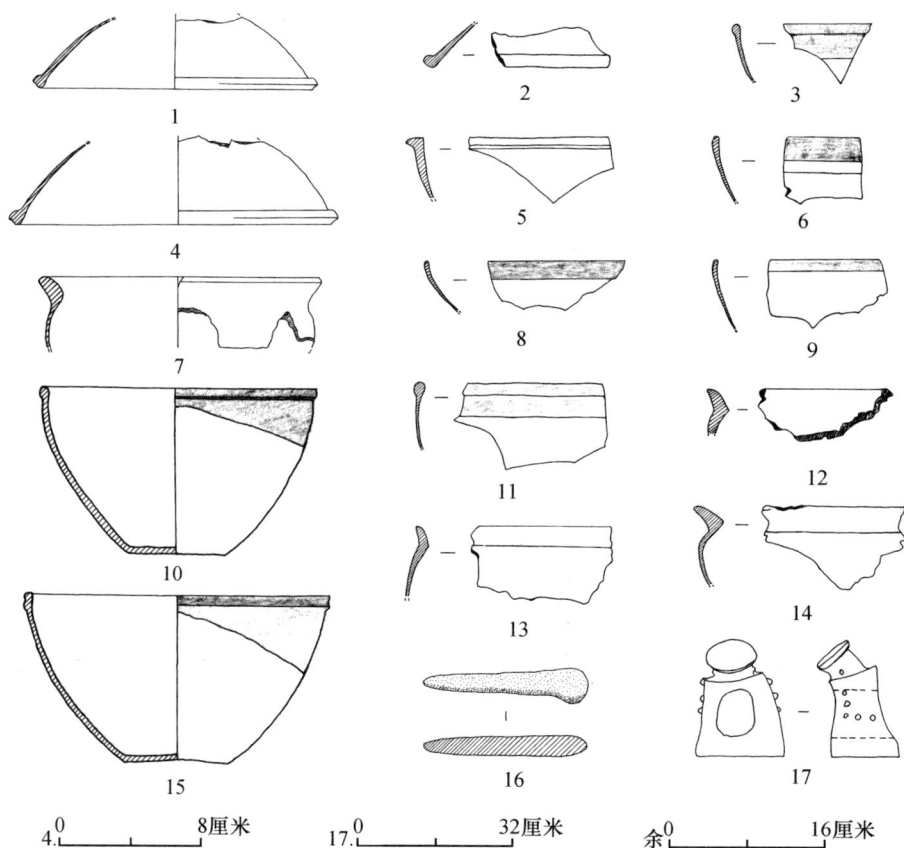

图二四　F2出土器物

1. 陶器盖（F2：8）　2. 陶器盖（F2：7）　3. 陶钵（F2：10）　4. 陶器盖（F2：14）　5. 陶盆（F2：9）
6. 陶钵（F2：11）　7. 陶釜（F2：2）　8. 陶钵（F2：12）　9. 陶钵（F2：13）　10. 陶钵（F2：1）　11. 陶
钵（F2：3）　12. 陶釜（F2：6）　13. 陶釜（F2：5）　14. 陶釜（F2：4）　15. 陶钵（F2：15）　16. 石杵
（F2：17）　17. 陶支座（F2：16）

　　F2：9，盆，C型，泥质红陶，厚唇外翻，鼓腹。残高7.4厘米（图二四，5）。

　　F2：10，红顶钵，B型Ⅱ式，泥质灰陶，红顶，直口，方唇，唇部加厚，自上而下
逐渐变薄。残高6.8厘米（图二四，3）。

　　F2：11，红顶钵，A型Ⅱ式，泥质灰陶，红顶，敞口，腹较深，距口沿4厘米处有
一凹槽。残高7.4厘米（图二四，6）。

　　F2：12，红顶钵，A型Ⅰ式，泥质褐陶，红顶，大敞口，尖唇。残高5.6厘米（图
二四，8）。

　　F2：13，红顶钵，A型Ⅱ式，泥质灰陶，红顶，直口，圆唇近方。残高7.8厘米
（图二四，9）。

　　F2：14，器盖，A型，夹砂红陶，从断面可见中间为灰色，唇部加厚，方圆唇。口
径13.2厘米，残高4.8厘米（图二四，4）。

F2：15，红顶钵，B型Ⅱ式，泥质灰陶，红顶，直口，唇部有较宽的加厚泥条，斜直腹，凹底。口径34厘米，底径11厘米，高19厘米（图二四，15；见图版六，4）。

F2：16，支座，夹砂红陶，乳丁纹，手制。近似椭圆形平底，中部有椭圆形穿孔，两侧对称部位各有乳丁6个。高25厘米，顶径12厘米，底部椭圆长径20厘米，短径18.8厘米（图二四，17；见图版五，7）。

② 石器

F2：17，石杵，磨制，褐色，表面光滑，一端呈锥状，另一端较宽扁，长16厘米，宽4厘米（图二四，16；见图版三，7）。

F2：18，砍砸器，打制，褐色，表面有自然剥裂面，形状不规则，一端粗圆，向另一端渐细，粗的一端有使用痕迹。最长8.4厘米，最宽处5.3厘米（见图版四，2）。

3. F3

（1）基本形制

位于ⅡT0111，开口于第3层下，打破第4层和生土，东北角被一座现代窖穴打破。半地穴式，平面略呈"凸"字形，房室近似方形，南侧略宽，宽2.6～3.05米，进深2.75米，深0.6～0.75米，门向南略偏西。室内东北部堆积深厚的灰烬和烧土，内含大量陶片，当为火塘；西部形成一条土台，高约0.15米。房四周有密集的柱洞，沿西、北、东三面及南壁东半部共发现柱洞12个，柱洞平面均为圆形，直径0.13～0.2米，深约0.4米。门道位于房南壁正中，竖穴式，长0.7米，宽0.65米，深0.6米（图二五；图版七，4）。

（2）出土陶器

F3：1，红顶钵，B型Ⅱ式，泥质灰陶，红顶，直口，圆唇，口沿外部有一凸棱。残高4.6厘米（图二六，2）。

F3：2，红顶钵，A型Ⅰ式，泥质灰陶，敛口，圆唇，小平底。口径25.5厘米，底径6厘米，高8厘米（图二六，1）。

4. F4

（1）基本形制

位于T0113和T0112，开口于第3层下，距地表深0.8米，打破第4、5层和生土。房子大体呈圆角长方形，长2.7米，宽2.52米，深1.18米；半地穴式；发现有10个柱洞，直径0.2米，深0.18米；门道位于房址西部南部，斜坡式，长2.4米，宽0.9米。房址内堆积大量灰褐土、红烧土、炭渣等，包含有泥质红陶片、泥质灰陶片、夹云母红陶片、夹云母褐陶片、石器等（图二七；图版七，3）。

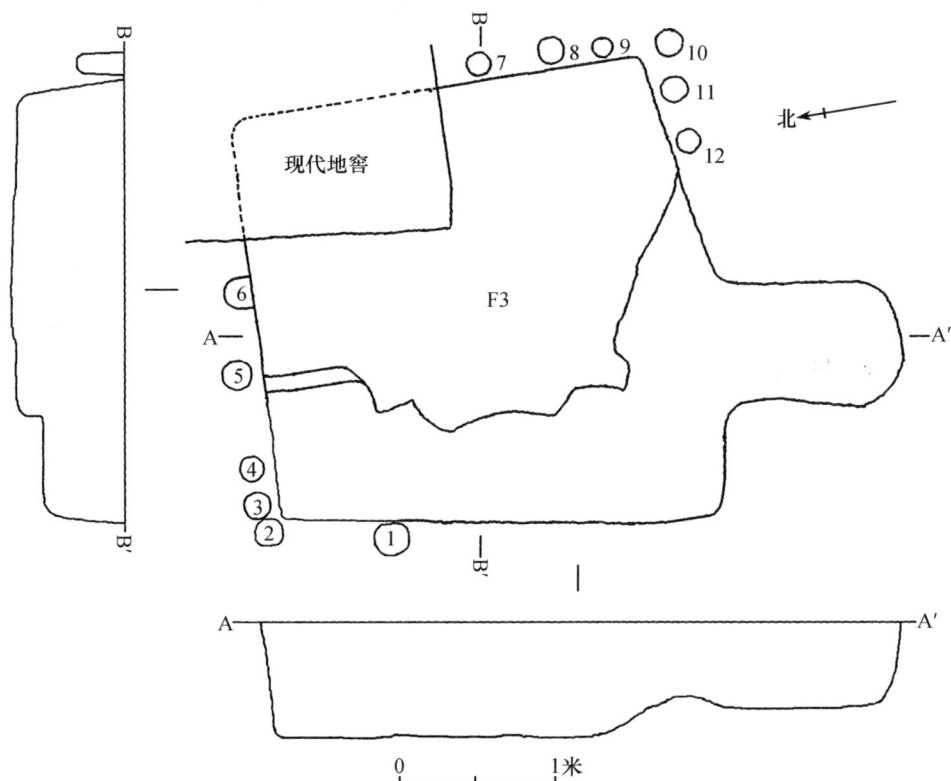

图二五　F3平、剖面图
1~12. 柱洞

（2）出土器物

① 陶器

F4：1，釜，A型Ⅱ式，夹砂夹云母灰褐陶，宽折沿，侈口，尖唇。残高6.2厘米（图二六，6）。

F4：2，釜，A型Ⅰ式，夹细砂夹云母褐陶，有灰褐色色斑。折沿，沿面微鼓，尖圆唇。残高7.2厘米（图二六，7）。

F4：3，釜，B型Ⅰ式，夹细砂夹云母红褐陶，折沿近平窄沿，尖唇，有慢轮修整痕迹。残高8.6厘米（图二六，8）。

F4：4，釜，B型Ⅰ式，夹云母灰陶，窄折沿近平，圆唇。残高4厘米（图二六，3）。

F4：5，红陶钵，Ⅰ式，泥质红陶，敞口，方圆唇，口沿外部下方加厚鼓起。残高9.2厘米（图二六，9）。

F4：6，红陶钵，Ⅰ式，泥质褐陶，直口，圆唇，口沿外部下沿有一凸棱。残高5.2厘米（图二六，4）。

② 石器

F4：7，石斧，磨制，褐色，器形较为完整，平面近似上窄下宽的梯形，两侧面弧圆，刃部呈弧形，双面刃，局部残，通体磨光。长6.7厘米，顶宽3厘米，刃部宽4.3厘米，厚1.4厘米（图二六，5；见图版三，1）。

F4：9，刮削器，红棕色，长条形片状，一端尖利。长2.8厘米（图版四，3右）。

F4：10，磨棒，磨制，圆柱体。直径5.6厘米，高3.1厘米。

5. F5

（1）基本形制

位于ⅡT0113、T0113和T0112，开口于3层下，距地表深0.65米，打破第4、5层。房子大体呈圆角长方形，长2.5米，宽2.08米，深1.08米；半地穴式；发现有13个柱洞，直径0.14米，深0.1米；门道位于房址西部偏北，斜坡式，长2.44米，宽1.1米。房址内堆积大量灰褐土、红烧土、炭渣等，包含有泥质红陶片、泥质灰陶片、夹

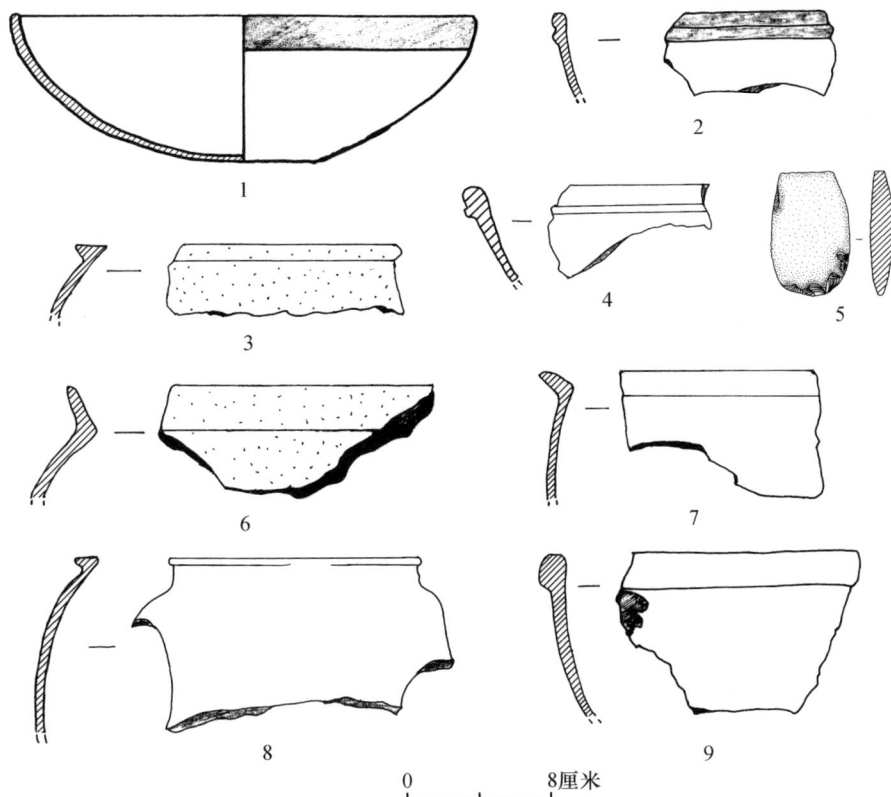

图二六　F3、F4出土器物

1.钵（F3：2）　2.钵（F3：1）　3.釜（F4：4）　4.钵（F4：6）　5.石斧（F4：7）　6.釜（F4：1）

7.釜（F4：2）　8.釜（F4：3）　9.钵（F4：5）

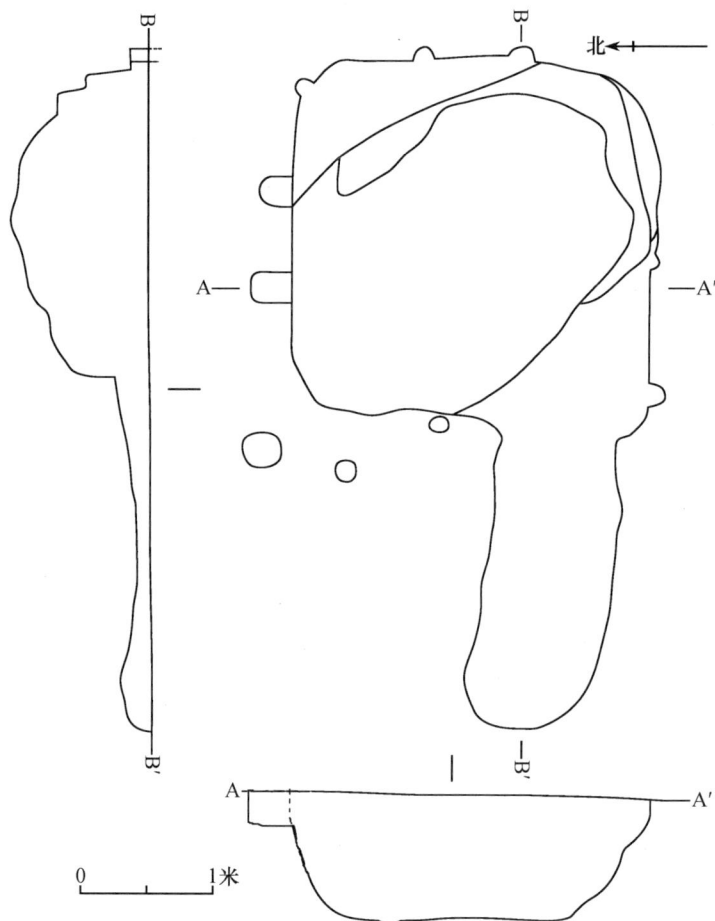

图二七　F4平、剖面图

云母红陶片、夹云母褐陶片、石器等（图二八、图二九；图版八，1）。

（2）出土陶器

F5∶1，盆，A型，泥质红陶，平沿，尖圆唇。口径28厘米，残高8厘米（图三〇，1）。

F5∶2，支座，夹砂红陶，手制，仅存底部，呈椭圆形。残长9.5厘米，残宽9厘米，残高约7厘米（图三一）。

6. F6

（1）基本形制

位于T0313、T0314和T0213，开口于3层下，距地表深0.8米，打破第4、5层和生土。平面呈不规则形，长3.5米，宽2.6米，深0.85米；半地穴式；没有发现柱础、柱

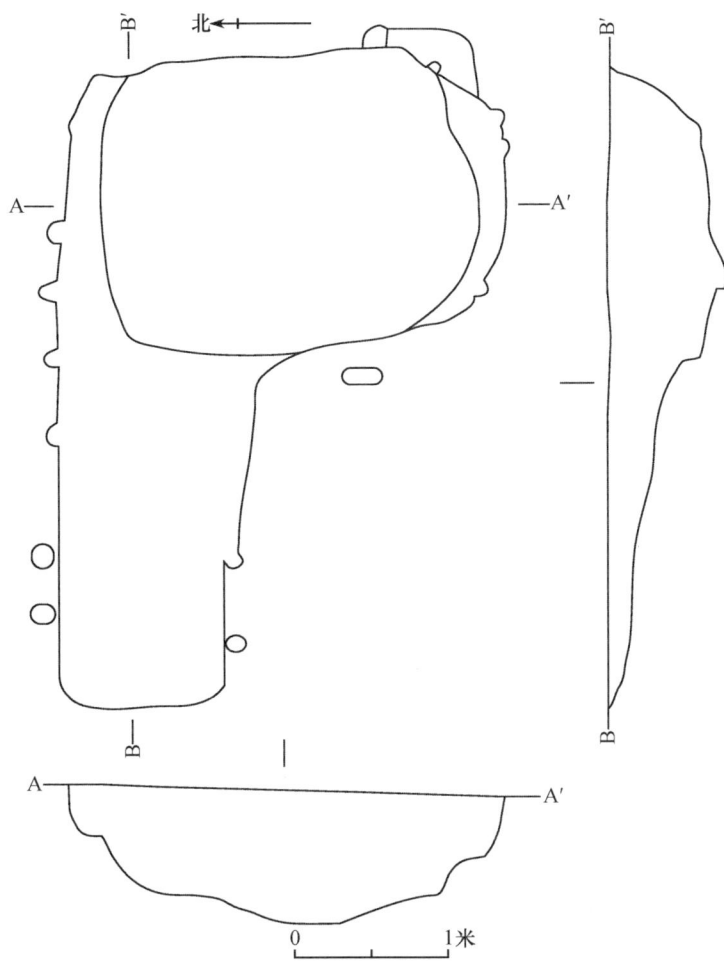

图二八 F5平、剖面图

图二九 F5发掘现场

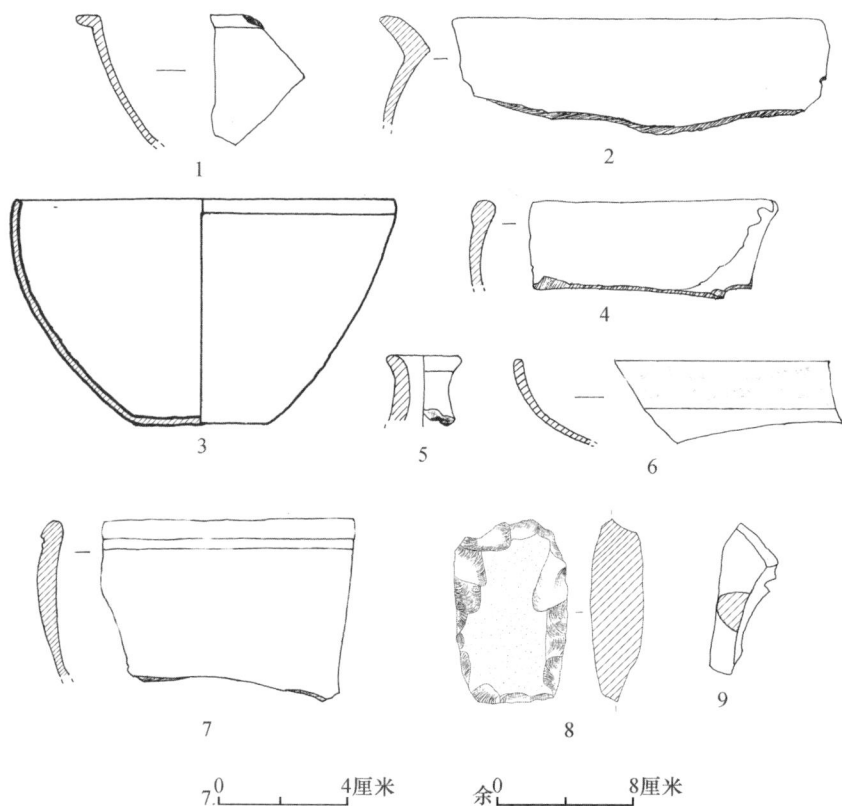

图三〇　F5、F6、F8出土器物

1.盆（F5：1）　2.釜（F6：4）　3.钵（F6：1）　4.钵（F6：3）　5.瓶口（F8：1）　6.钵（F8：4）
7.钵（F8：3）　8.石斧（F8：5）　9.鼎足（F8：2）

洞；门道位于房址东部，斜坡式，长1.6米，宽1米。房址内堆积大量灰褐土、红烧土、炭渣等，包含有泥质红陶片、泥质灰陶片、夹云母红陶片、夹云母褐陶片、石器等（图三二；图版八，2）。

（2）出土陶器

F6：1，红陶钵，Ⅰ式，泥质红陶，敞口，圆唇，唇部加厚，斜腹，小平底。碗中部薄，火候低。口径22.5厘米，底径8厘米，高约13.8厘米（图三〇，3；见图版五，4）。

F6：3，红陶钵，Ⅰ式，泥质红陶，直口微敛，方唇，口沿外部下缘略凸；经修整，器表光滑。残高6厘米（图三〇，4）。

F6：4，釜，A型Ⅱ式，夹云母、夹砂褐陶，宽折沿，沿面微鼓，尖圆唇。残高7厘米（图三〇，2）。

7. F7

位于T0212、T0213、T0312和T0313，开口于4层下，距地表深0.8米，打破第5层和生土。平面呈不规则形，长4.5米，宽2.4米，深0.75米；半地穴式；发现有6个柱洞，直径0.2米，深0.12米；门道位于房址南部，斜坡式，长1.3米，宽0.65米。房址内堆积大量灰褐土、红烧土、炭渣等，包含有泥质红陶片、泥质灰陶片、夹云母红陶片、夹云母褐陶片、石器等（图三三；图版八，3）。

8. F8

（1）基本形制

位于T0310和T0210，开口于2层下，距地表深0.35米，打破第3层、H20和生土。房子平面大体呈长方形，长3.4米，宽2.3米，深0.9米；半地穴式；发现有5个柱洞，直径0.22米，深0.1米；门道位于房址南部，斜坡式，长1米，宽0.7米。房址内堆积大量灰褐土、红烧土、炭渣等，包含有泥质红陶片、泥质灰陶片、夹云母红陶片、夹云母褐陶片、石器等（图三四）。

图三一　F5出土陶支座（F5：2）

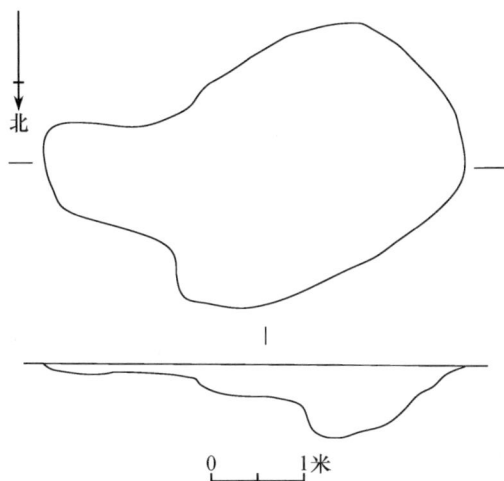

图三二　F6平、剖面图

（2）出土器物

① 陶器

F8：1，瓶口，泥质红陶，小口，厚圆唇。口径4.4厘米，残高4厘米（图三〇，5；见图版五，3）。

F8：2，鼎足，A型，夹砂褐陶，现存横截面为半圆形。高9.2厘米（图三〇，9；图版四，6）。

F8：3，红顶钵，B型Ⅱ式，泥质灰陶，红顶，直口，圆唇，外部口沿之下有一圈凸起的棱线。经过慢轮修整，器壁比较规整。器体比较厚重。残高5.5厘米（图三〇，7）。

F8：4，红顶钵，A型Ⅰ式，泥质灰陶，红顶，大敞口，尖唇。残高5厘米（图三〇，6）。

②石器

F8：5，石斧，青黑色，两面为磨制，周边有打制痕迹。质地坚硬，顶和刃部残缺。长11厘米，宽6.8厘米，厚3.2厘米（图三〇，8；见图版三，3）。

9. F9

（1）基本形制

位于T0407和T0408，开口于1层下，距地表深0.17米，打破第2、3层和生土。平面大体呈长方形，长3.5米，宽2.6米，深0.65米，半地穴式；没有发现柱础、柱洞；门道位于房址东部，斜坡式，长1米，宽0.8米。房址内堆积大量灰褐土、红烧土、炭渣等，包含有泥质红陶片、泥质灰陶片、夹云母红陶片、夹云母褐陶片、石器等（图三五）。

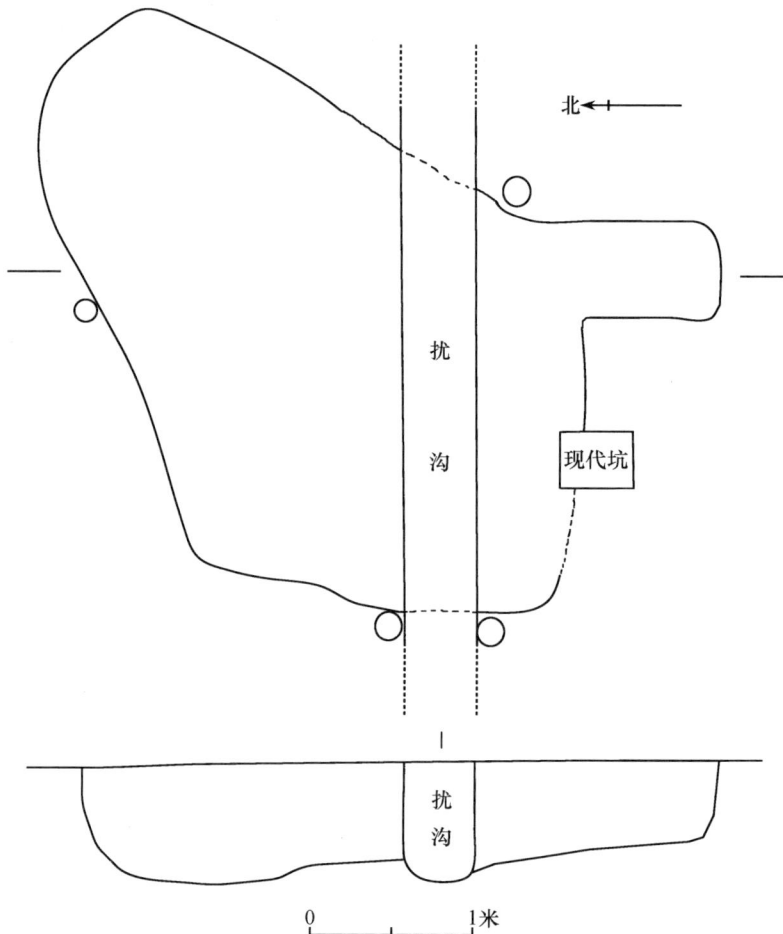

图三三　F7平、剖面图

（2）出土陶器

F9：1，器底，泥质红陶，平底，斜腹，器底较薄。底径10.8厘米，器壁厚约0.4厘米，残高3厘米（图三六，9）。

F9：2，红陶钵，Ⅰ式，泥质红陶，敞口，圆唇，唇下有一周凸棱。残高6.6厘米（图三六，7）。

F9：3，盆，C型，泥质红陶，厚唇外翻，鼓腹。口径28厘米，残高6厘米（图三六，6）。

F9：4，盆，C型，泥质红陶，厚唇外翻，斜直腹。残高6厘米（图三六，5）。

F9：5，红陶钵，Ⅰ式，泥质红陶，直口，圆唇，口沿外部中间内凹形成两凸棱，有修整痕迹。残高6厘米（图三六，2）。

F9：6，红顶钵，A型Ⅱ式，泥质灰陶，红顶，敞口，尖圆唇，斜直腹，小平底。口径约22厘米，底径6.5厘米，深13.2厘米（图三六，1；见图版六，2）。

F9：7，釜，B型Ⅰ式，夹砂夹云母红陶，折沿近平，尖唇，有修整痕迹。残高6.4厘米（图三六，8）。

F9：8，釜，B型Ⅰ式，夹砂夹云母褐陶，窄折沿近平，尖唇，颜色不均匀。口径19.6厘米，残高7.2厘米（图三六，4）。

F9：9，釜，B型Ⅰ式，夹云母红陶，口部有黑色斑块。折沿近平，尖唇。残高3.9厘米（图三六，3）。

F9：10，器底，泥质黑陶，素面，手制，小平底。底径5厘米，器壁厚约0.5厘米，残高2厘米（图三六，10）。

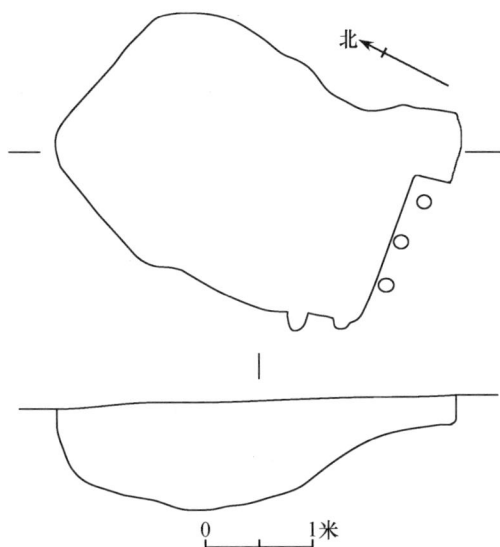

图三四　F8平、剖面图

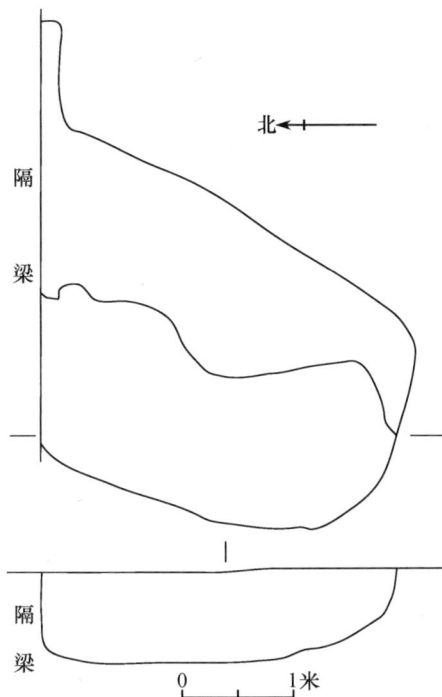

图三五　F9平、剖面图

10. F10

（1）基本形制

位于T0208和T0108，开口于1层下，距地表深0.35米，打破2、3层和生土。长方形，长3.65米，宽2.8米，深0.7米；半地穴式；发现有15个柱洞，直径0.12米，深0.1米；门道位于房址南部，

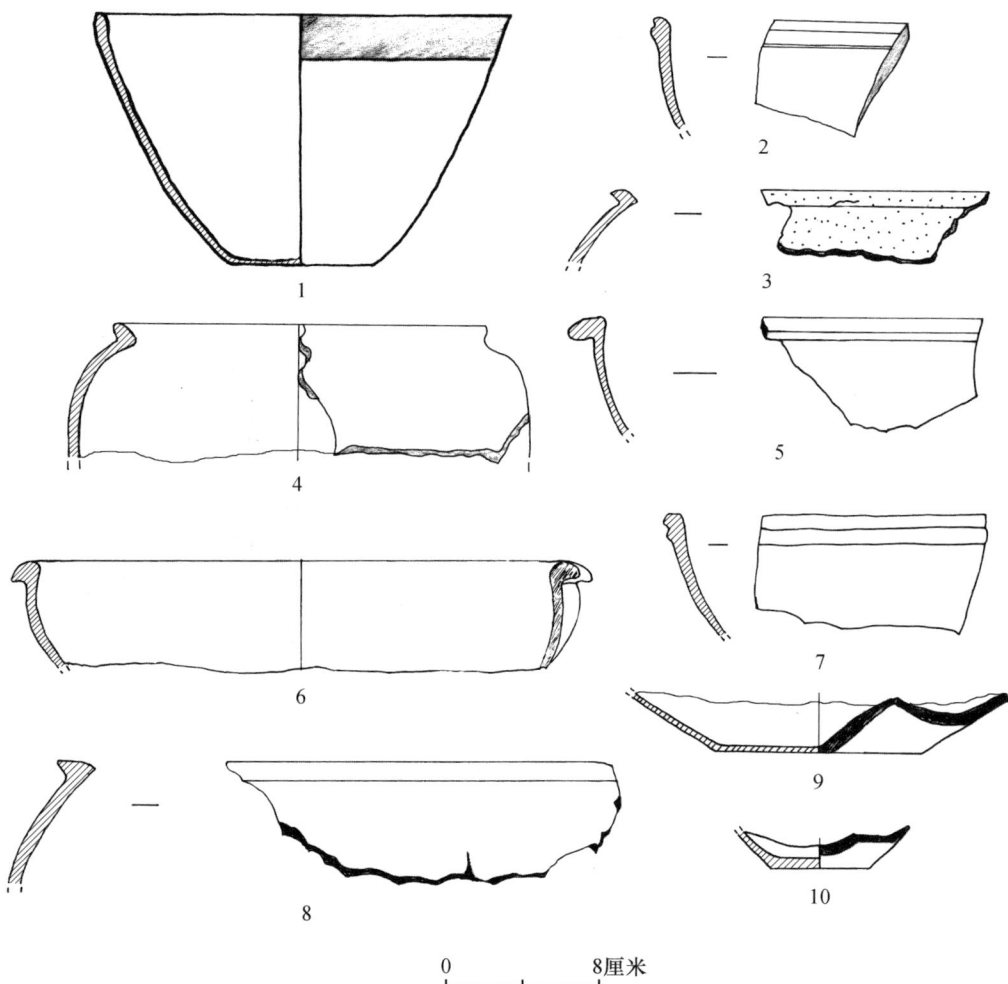

图三六　F9出土陶器

1.钵（F9：6）　2.钵（F9：5）　3.釜（F9：9）　4.釜（F9：8）　5.罐（F9：4）　6.盆（F9：3）　7.钵
（F9：2）　8.釜（F9：7）　9.器底（F9：1）　10.器底（F9：10）

斜坡式，长0.75米，宽0.8米。房址内堆积大量灰褐土、红烧土、炭渣等，包含有泥质红陶片、泥质灰陶片、夹云母红陶片、夹云母褐陶片、石器等（图三七）。

（2）出土陶器

F10：1，器底，泥质灰陶，平底斜直腹。底径8厘米，器壁厚约0.2厘米，残高3厘米（图三八，2）。

F10：2，小口双耳壶，A型，泥质红陶，素面，手制。直口，微侈，卷沿，圆唇，溜肩，深腹，平底。口径8.5厘米，最大腹径26.5厘米，底径10厘米，通高29厘米（图三八，1；见图版五，2）。

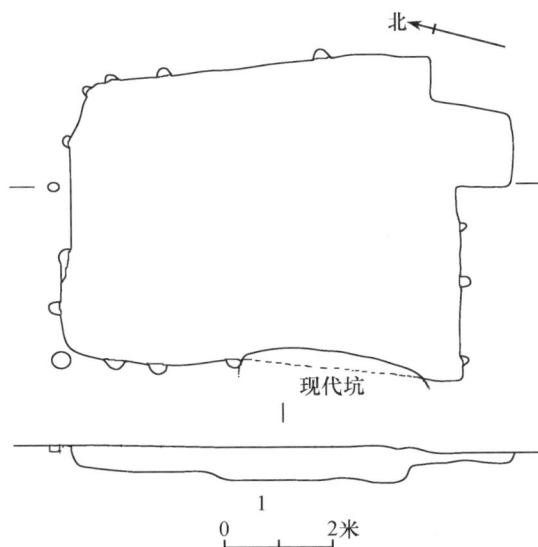

北

现代坑

1

0　　　　2米

2

3

图三七　F10
1. 平、剖面图　2、3. 发掘现场

11. F11

（1）基本形制

位于ⅡT0107、T0107和T0108，开口于2层下，距地表深0.38米，打破第3层和生土。长方形，长3.9米，宽2.2米，深0.65米；半地穴式；发现有5个柱洞，直径0.16米，深0.08米；门道位于房址东北部，斜坡式，长1.5米，宽0.65米。房址内堆积大量灰褐土、红烧土、炭渣等，包含有泥质红陶片、泥质灰陶片、夹云母红陶片、夹云母褐陶片、石器等（图三九）。

（2）出土陶器

F11：1，器底，泥质灰陶，平底，斜壁。底径8厘米，器壁厚约0.2厘米，残高5厘米（图三八，3）。

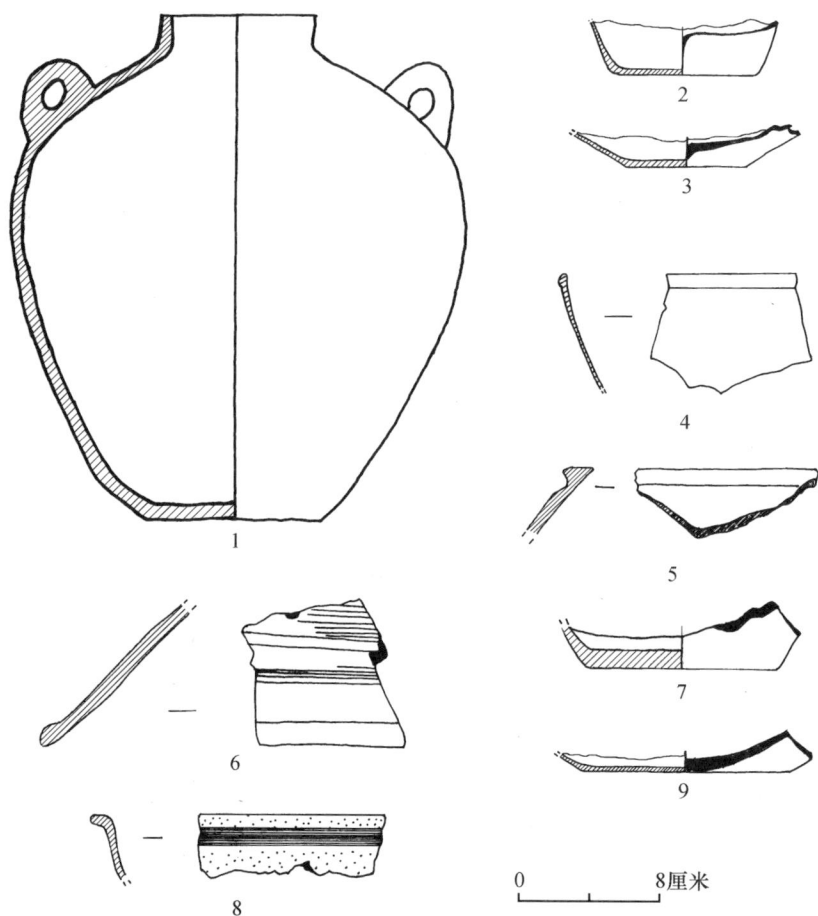

图三八　F10、F11、F12、F13出土陶器

1. 小口双耳壶（F10∶2）　2. 器底（F10∶1）　3. 器底（F11∶1）　4. 钵（F12∶2）　5. 釜（F12∶3）　6. 器盖
（F12∶1）　7. 器底（F13∶1）　8. 盆（F13∶3）　9. 器底（F13∶2）

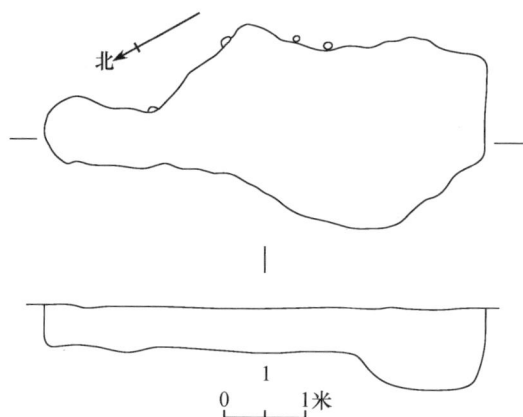

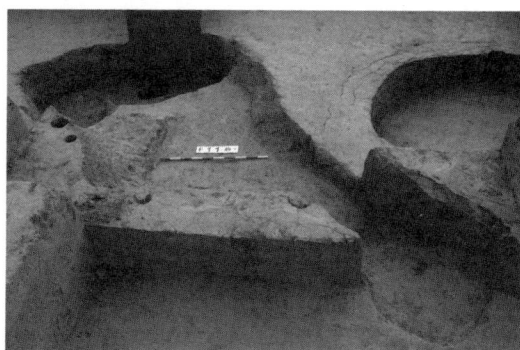

图三九　F11

1. 平、剖面图　2. 发掘现场

12. F12

（1）基本形制

位于ⅡT0207、ⅡT0107、ⅡT0106和ⅡT0206，开口于1层下，距地表深0.11米，被J3和H76打破，打破第2、3层和生土。长方形，长4.1米，宽2.25米，深0.65米；半地穴式；发现有6个柱洞，直径0.16米，深0.06米；门道位于房址东北部，斜坡式，长2.1米，宽1米。房址内堆积大量灰褐土、红烧土、炭渣等，包含有泥质红陶片、泥质灰陶片、夹云母红陶片、夹云母褐陶片、石器等（图四〇）。

（2）出土陶器

F12：1，器盖，A型，夹砂红陶，唇部略厚，尖圆唇，器表有轮修痕迹。残高8.2厘米（图三八，6）。

F12：2，灰陶钵，泥质灰陶，敞口，圆唇，口沿外部下缘有很浅的凹槽。残高7厘米（图三八，4）。

F12：3，釜，B型Ⅱ式，夹云母红陶，平折沿，尖唇。残高4厘米（图三八，5）。

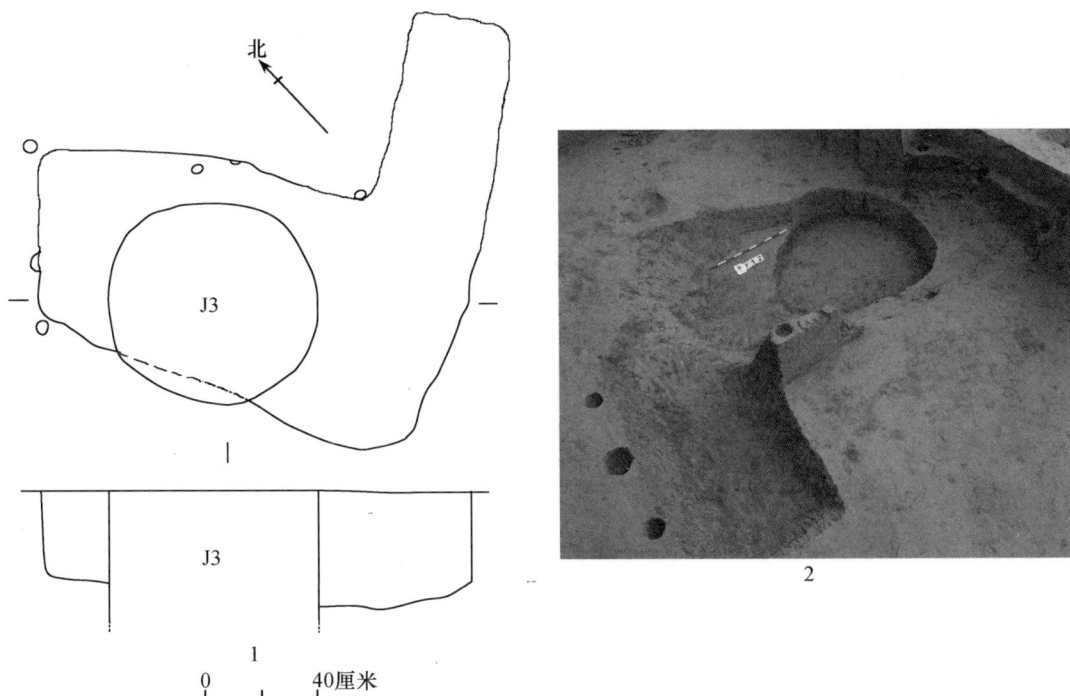

图四〇　F12
1.平、剖面图　2.发掘现场

13. F13

（1）基本形制

位于ⅡT0208和ⅡT0207，开口于1层下，距地表深0.16米，打破2、3层和生土。平面大体呈长方形，长3米，宽2.3米，深0.6米；半地穴式；发现有8个柱洞，直径0.16米，深0.06米；门道位于房址南部，斜坡式，长1.85米，宽1米。房址内堆积大量灰褐土、红烧土、炭渣等，包含有泥质红陶片、泥质灰陶片、夹云母红陶片、夹云母褐陶片、石器等（图四一）。

（2）出土陶器

F13：1，器底，泥质红陶，平底，底厚。底径12厘米，器壁厚约0.5厘米，残高3.5厘米（图三八，7）。

F13：2，器底，泥质红陶，平底，斜直腹。底径12厘米，器壁厚约0.4厘米，残高2厘米（图三八，9）。

F13：3，盆，A型，夹砂褐陶，平沿，圆唇，外部沿下有轮修痕迹。残高7.6厘米（图三八，8）。

14. F14

（1）基本形制

位于T0410，开口于2层下，距地表深0.38米，打破第3层和生土。长方形，长2.6米，宽1.85米，深1米；半地穴式；没有发现柱洞，门道位于房址南侧。房址内堆积大量灰褐土、红烧土、炭渣等，包含有泥质红陶片、泥质灰陶片、夹云母红陶片、夹云母褐陶片、石器等（图四二）。

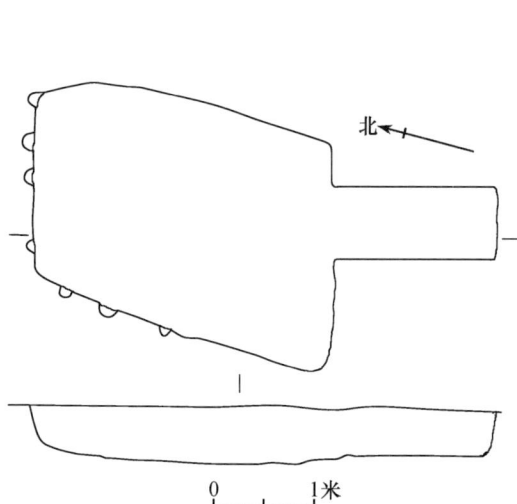

图四一　F13平、剖面图

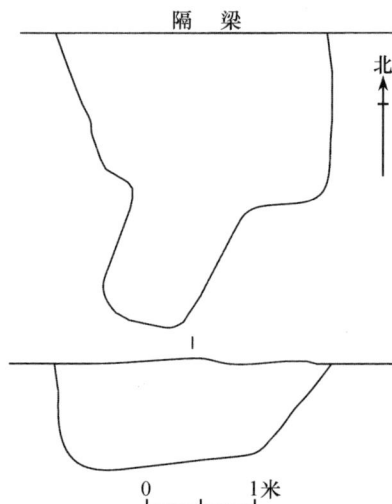

图四二　F14平、剖面图

（2）出土器物

① 陶器

F14：3，釜，C型，夹砂夹云母灰陶，器体较大，卷沿微折，斜方唇。残高7.8厘米（图四三，1）。

F14：4，釜，C型，夹云母灰褐陶，窄卷沿，圆唇，腹部较直。残高14.8厘米（图四三，3）。

F14：5，釜，A型Ⅱ式，夹云母灰陶，折沿，方圆唇，直腹。口径39.6厘米，残高8.8厘米（图四三，5）。

② 石器

F14：1，磨棒，磨制，圆柱状，横截面呈椭圆形。残长6.7厘米，宽3.9厘米，厚2.7厘米（图四三，2）。

F14：2，石斧，磨制，扁长方体。砂石质，土黄色，质地粗糙，顶部椭圆形，中部残断。宽5.7厘米，厚4厘米（图四三，4）。

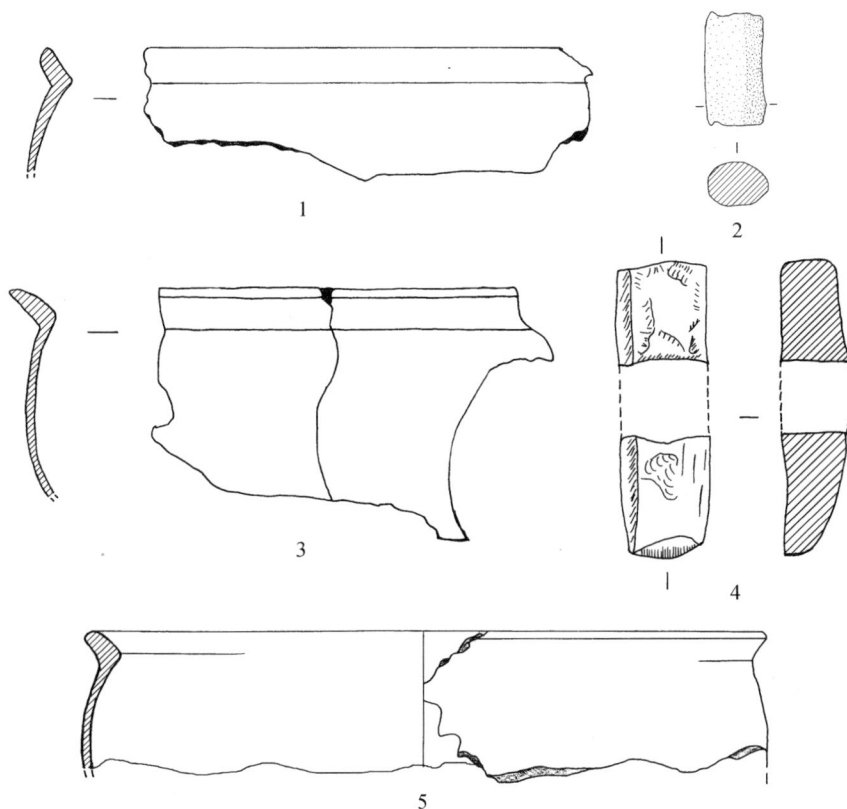

0　　　　　8厘米

图四三　F14出土器物

1.陶釜（F14：3）　2.石磨棒（F14：1）　3.陶釜（F14：4）　4.石斧（F14：2）　5.陶釜（F14：5）

15. F15

（1）标本形制

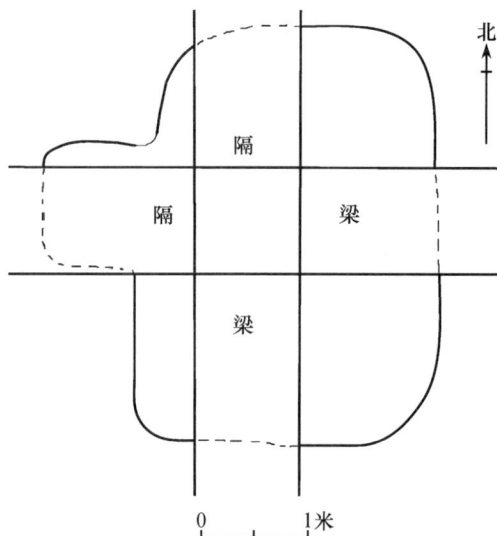

图四四　F15平面图

位于T0109、T0110、ⅡT0109和ⅡT0110，开口于2层下，距地表深0.25米，打破3、4层和生土。房址大体呈圆角长方形，长4.15米，宽2.95米，深1.3米；半地穴式；没有发现柱洞；门道位于房址西部偏北，斜坡式。房址内堆积大量灰褐土、红烧土、炭渣等，包含有泥质红陶片、泥质灰陶片、夹云母红陶片、夹云母褐陶片、石器等（图四四）。

（2）出土器物

① 陶器

F15：1，盖纽，A型，夹砂红陶，盖纽下方有一周指甲纹，指窝斜而窄。盖纽直径6厘米，残高4厘米（图四五，2）。

F15：2，红顶钵，B型Ⅰ式，泥质灰陶，红顶，敞口，浅腹，唇部加厚外卷，平底。口径30厘米，底径10厘米，高11.5厘米（图四五，1；见图版六，3）。

F15：3，器底，泥质灰陶，平底，斜壁，器壁较薄，均匀。底径9厘米，器壁厚约0.2厘米，残高4.5厘米（图四五，7）。

F15：4，盆，B型，泥质红陶，卷沿近折，尖唇。残高4.6厘米（图四五，4）。

F15：5，盖纽，A型，夹砂红陶，盖纽为方唇，盖纽下方有一周指甲纹，指窝较窄较深。盖纽直径6厘米，残高4厘米（图四五，3）。

F15：6，小口双耳壶耳，B型，泥质红陶，弓形，宽耳。残宽10.8厘米，残高6.6厘米，耳宽2.2～3.6厘米，耳高6.4厘米（图四五，5）。

F15：7，鼎足，B型，夹砂褐陶，呈"V"字形。高8.6厘米（图四五，8；见图版四，5）。

F15：8，器底，泥质灰陶，平底，直壁，器壁较厚，厚薄不均。底径12厘米，器壁厚约0.5厘米，残高4.5厘米（图四五，6）。

② 石器

F15：9，石磨盘，磨制，中间凹，四周凸。残长20.5厘米，残宽11.2厘米，厚5.8厘米。

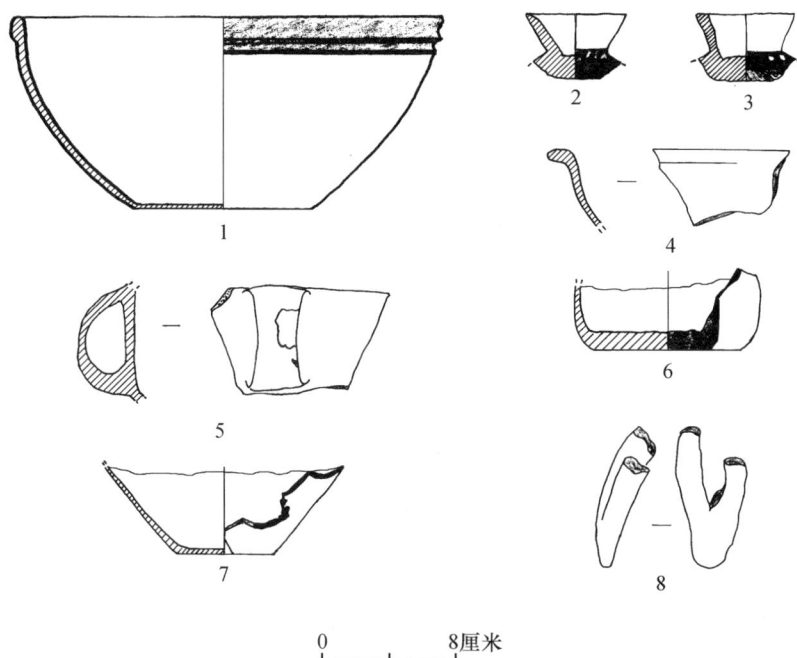

0　　　8厘米

图四五　F15出土陶器

1. 钵（F15：2）　2. 盖纽（F15：1）　3. 盖纽（F15：5）　4. 盆（F15：4）　5. 器耳（F15：6）
6. 器底（F15：8）　7. 器底（F15：3）　8. 鼎足（F15：7）

二、灰　坑

1. H1

位于T0109，开口于2层下，距地表深0.2米，打破3、4层。在探方内开口呈半圆形，敞口，直壁，近平底。长0.7米，宽0.3米，深0.3米。坑内堆积灰褐土、红烧土、炭渣等，包含有泥质红陶片、夹云母红陶片、夹云母褐陶片等（图四六）。

2. H2

（1）基本形制

位于T0109和T0110，开口于2层下，距地表深0.27米，打破3、4层和生土。在探方内开口呈半圆形，敞口，斜壁，坡状底。在T0109内长1.5米，宽1米，深1.05米。在T0110内长1.33米，宽0.66米，深0.65米。坑

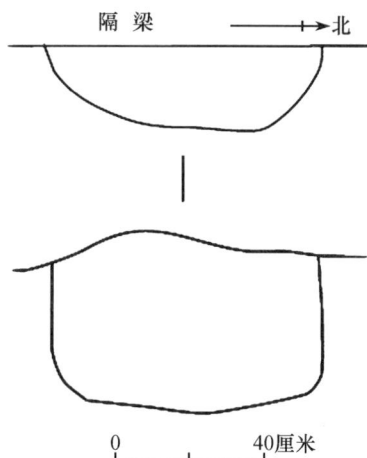

隔梁　　→ 北

0　　　40厘米

图四六　H1平、剖面图

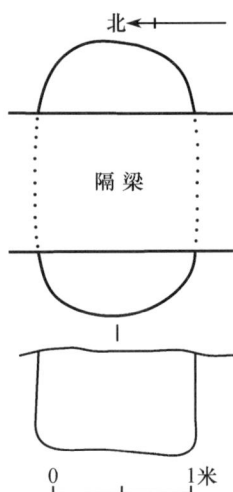

图四七　H2平、剖面图

内堆积灰褐土、红烧土、炭渣等，包含有泥泥质红陶片、夹云母红陶片、夹云母褐陶片等（图四七）。

（2）出土陶器

H2：1，红顶钵，B型Ⅱ式，泥质灰陶，红顶，直口，圆唇；口沿外部下缘内凹。残高7.8厘米（图四八，2）。

H2：2，釜，C型，夹云母、细砂灰陶，卷沿微折，方圆唇，腹较直。器物经慢轮修整。残高6厘米（图四八，1）。

H2：3，器底，泥质红陶，平底。底径7厘米，器壁厚约0.2厘米，残高2.5厘米。

3. H3

（1）基本形制

位于T0110和T0210，开口于T0110第3层下和T0210第2层下，距地表深0.3米，打破T0110第4层、T0210第3层和生土。不规则形，敞口，斜直壁，圜底。在T0110内长1.25

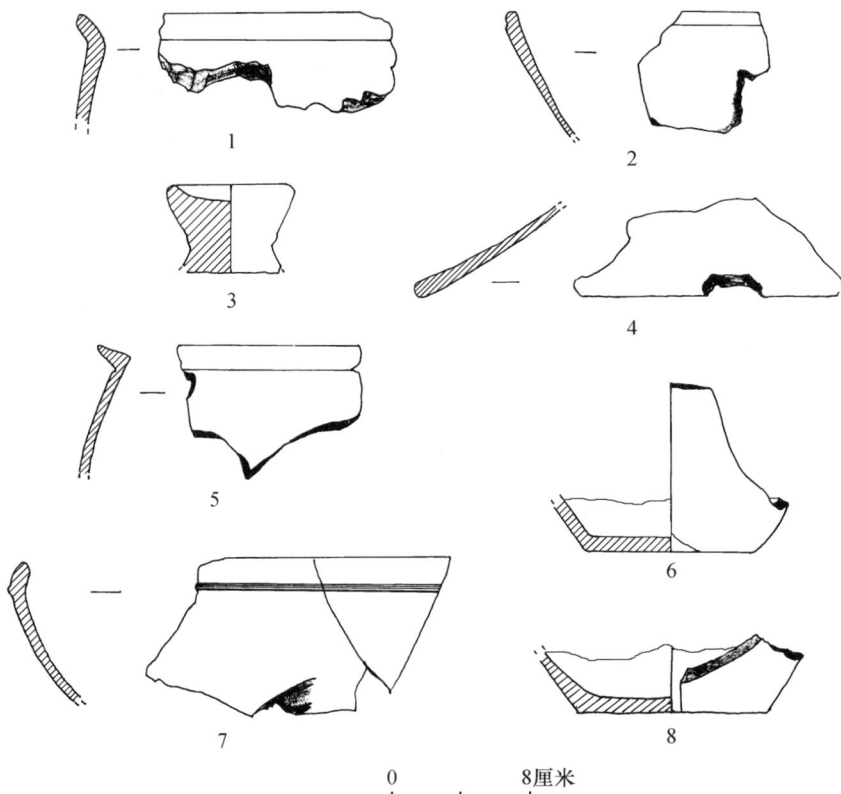

图四八　H2、H6出土陶器

1.釜（H2：2）　2.钵（H2：1）　3.盖纽（H6：2）　4.器盖（H6：3）　5.盆（H6：1）　6.器底（H6：5）

7.钵（H6：4）　8.器底（H6：6）

米，宽0.94米，深0.5米。在T0210内长2米，宽
1.8米，深0.5米。坑内堆积灰褐土、红烧土、
炭渣等，包含有泥质红陶片、夹云母红陶片、
夹云母褐陶片等（图四九）。

（2）出土器物

① 陶器

H3：2，小口双耳壶，型式不明，泥质红
陶，直口，方圆唇。口径8厘米，残高5.4厘米
（图五〇，4）。

H3：3，红顶钵，B型Ⅱ式，泥质灰陶，红
顶，敞口，圆唇，唇部略突出，敞口，曲腹。
残高6厘米（图五〇，6）。

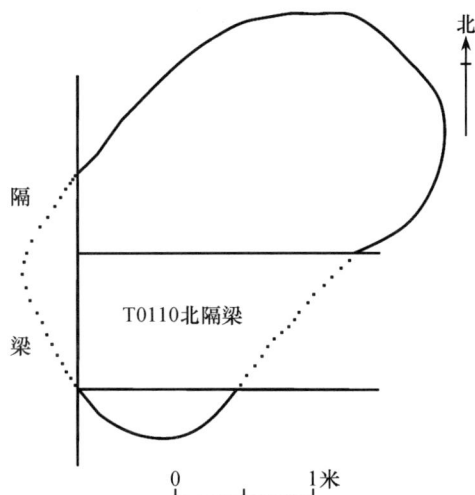

图四九　H3平面图

H3：4，圈足，夹砂灰陶，圈足较矮，直壁，圆唇。圈足直径10厘米（图五〇，
12）。

H3：6，红顶钵，A型Ⅱ式，泥质灰陶，红顶，斜直口，圆唇，器壁自口沿向下逐
渐变薄。残高7.2厘米（图五〇，7）。

H3：8，红顶钵，B型Ⅱ式，泥质灰陶，红顶，直口，圆唇，口沿外部略凸。残高
8厘米（图五〇，8）。

H3：9，红顶钵，B型Ⅱ式，泥质灰陶，红顶，直口，圆唇，唇部突出。残高5.6厘
米（图五〇，9）。

H3：10，器底，泥质红陶，平底，轮制，器内有轮制痕迹。底径16厘米，器壁厚
约0.4厘米，残高4.5厘米（图五〇，11）。

H3：12，盖纽，A型，夹砂红陶，器盖为圆唇，器盖下方有一周指甲纹。盖纽直
径8厘米，残高3.6厘米（图五〇，2）。

H3：13，陶环，夹砂灰陶，圆形，中空。外径2.6厘米，内径1.6厘米（图五〇，
13）。

H3：14，红顶钵，B型Ⅱ式，泥质灰陶，红顶，直口微敞，圆唇，口部加厚，深
腹。口径25.6厘米，底径10厘米，高14厘米（图五〇，1；见图版六，6）。

H3：15，器盖，A型，夹砂褐陶，斜方唇。残高4.6厘米（图五〇，5）。

H3：16，器底，泥质红陶，素面，手制，底完整，平底，壁厚。底径16厘米，器
壁厚约0.9厘米，残高2厘米（图五〇，10）。

② 石器

H3：17，刮削器，青色，质地细腻，三面有刃。长3.3厘米，宽1厘米（图五〇，
3；见图版四，3左）。

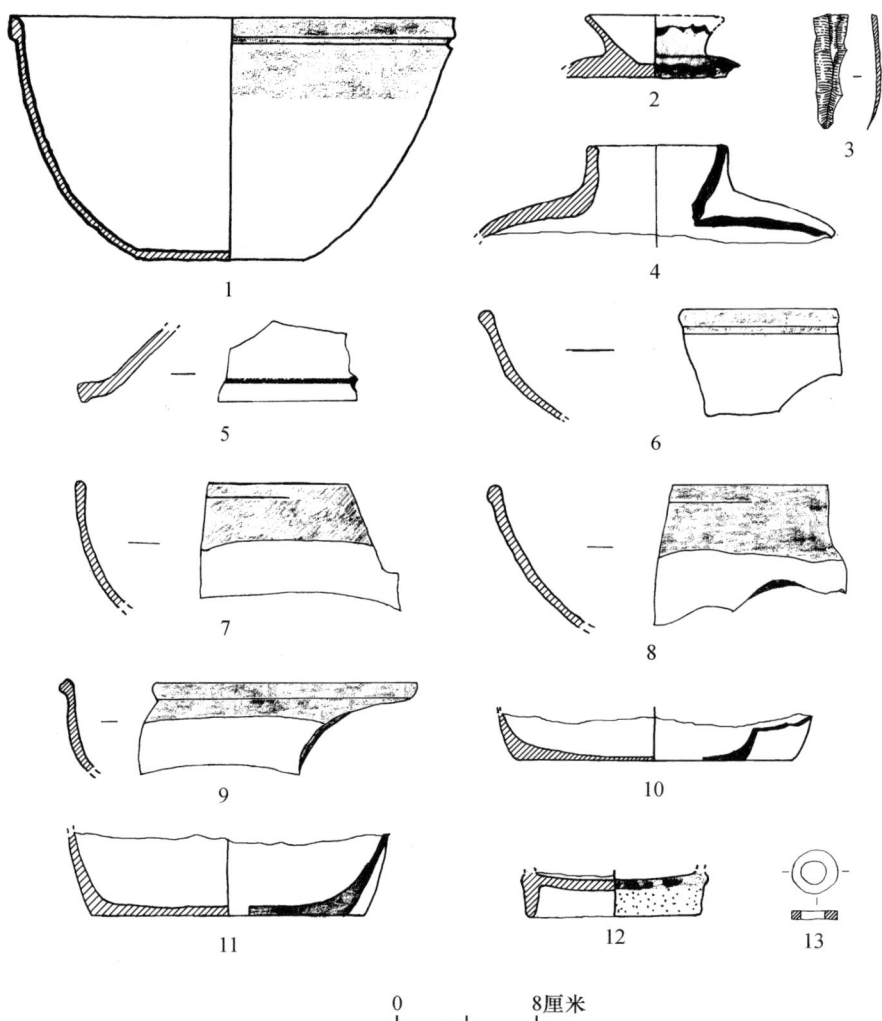

图五〇　H3出土器物

1. 陶钵（H3：14）　2. 陶盖纽（H3：12）　3. 石刮削器（H3：17）　4. 陶壶（H3：2）　5. 陶器盖（H3：15）
6. 陶钵（H3：3）　7. 陶钵（H3：6）　8. 陶钵（H3：8）　9. 陶钵（H3：9）　10. 陶器底（H3：16）　11. 陶器
底（H3：10）　12. 陶圈足（H3：4）　13. 陶环（H3：13）

4. H6

（1）基本形制

位于T0109和T0209，开口于T0109第3层和T0209第2层下，距地表深0.3米，打破T0109第4层和T0209第3层、H9和生土。开口呈不规则形，敞口，斜壁，不规则坡底。长3.4米，宽2.6米，深0.8米。坑内堆积灰褐土、红烧土、炭渣等，包含有泥泥质红陶片、夹云母红陶片、夹云母褐陶片等（图五一）。

（2）出土陶器

H6：1，盆，B型，夹云母褐陶，卷平沿，口微敛，圆唇近方。器壁厚约0.5厘米（图四八，5）。

H6：2，盖纽，B型，夹云母红陶，圆形盖纽，内部微凹。盖纽直径7.6厘米，残高5.2厘米（图四八，3）。

H6：3，器盖，B型，夹云母褐陶，方唇。残高5.8厘米（图四八，4）。

H6：4，红陶钵，Ⅱ式，泥质红陶，敛口，圆唇，唇下有一周较细的凸棱，口沿外有涂抹的泥层。残高9厘米（图四八，7）。

H6：5，器底，泥质红陶，平底，斜直腹，壁和底内部均有修整的刮痕。底径10厘米，器壁厚约0.7厘米，残高10厘米（图四八，6）。

H6：6，器底，泥质红陶，平底，器表光滑，器内有刮痕。底径11厘米，器壁厚约0.7厘米，残高4厘米（图四八，8）。

5. H7

位于T0110，开口于2层下，距地表深0.38米打破3、4层和生土。近圆形，敞口，斜壁，圜底。南北长2.4米，东西宽2.15米，深0.48米。坑内堆积灰褐土、红烧土、炭渣等，包含有泥质红陶片、夹云母红陶片、夹云母褐陶片等（图五二）。

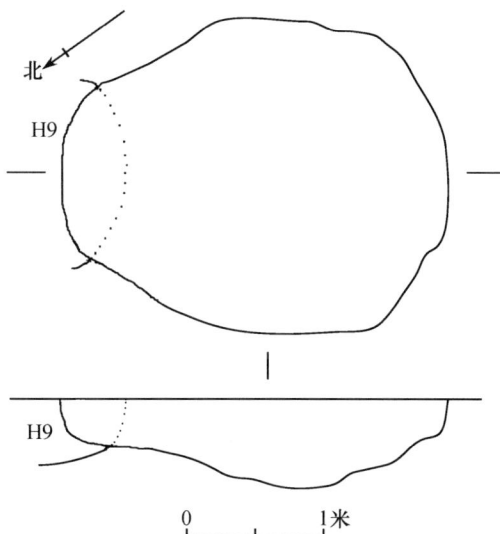

图五一　H6平、剖面图

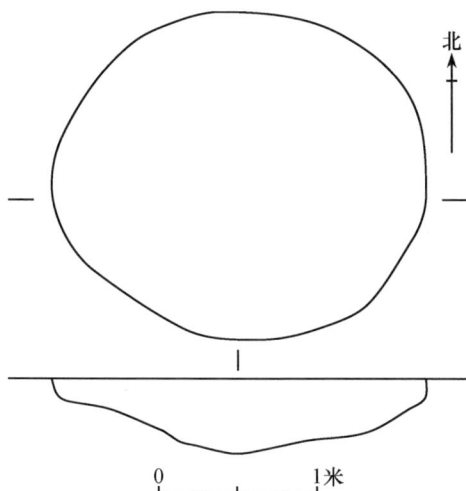

图五二　H7平、剖面图

6. H8

（1）基本形制

位于T0110，开口于2层下，距地表深0.35米打破3、4层和生土。圆形，敞口，斜直壁，平底。长1.1米，宽1.1米，深0.52米。坑内堆积灰褐土、红烧土、炭渣等，包含有泥质红陶片、夹云母红陶片、夹云母褐陶片等（图五三）。

（2）出土陶器

H8：1，器盖，A型，夹砂褐陶，斜方唇，盖表有轮修痕迹。残高3.4厘米（图五四，2）。

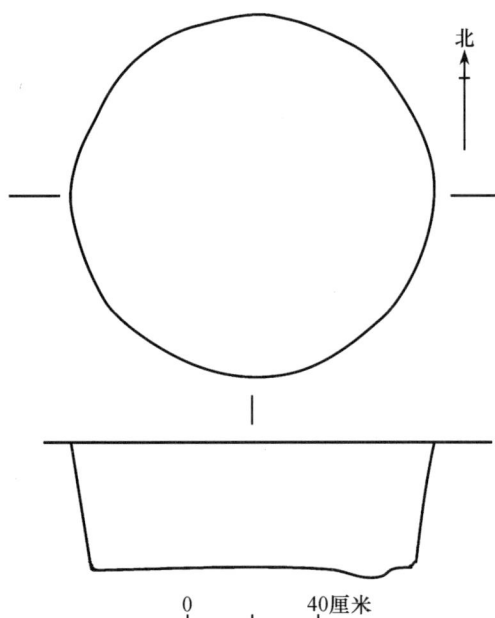

图五三　H8平、剖面图

H8：2，红顶钵，B型Ⅱ式，泥质灰陶，红顶，直口，圆唇近方，唇部略突出，唇下有一周凹槽。残高7.8厘米（图五四，4）。

H8：3，器底，泥质红陶，器壁内有修整痕迹，平底，斜直腹。底径10厘米，器壁厚约0.6厘米，残高4厘米（图五四，6）。

H8：4，小口双耳壶耳，B型，泥质红陶。耳宽5.1厘米，耳高6厘米（图五四，5）。

H8：5，盆，A型，泥质红陶，平沿，圆唇。残高1.4厘米（图五四，1）。

7. H9

位于T0209，开口于2层下，距地表深0.35米，被H6打破，打破3层和生土。近圆形，敞口，斜壁，不规则圜底。长0.7米，宽0.6米，深0.65米。坑内堆积灰褐土、红烧土、炭块等，包含有泥质灰陶片、泥质红陶片、夹云母红陶片等（图五五）。

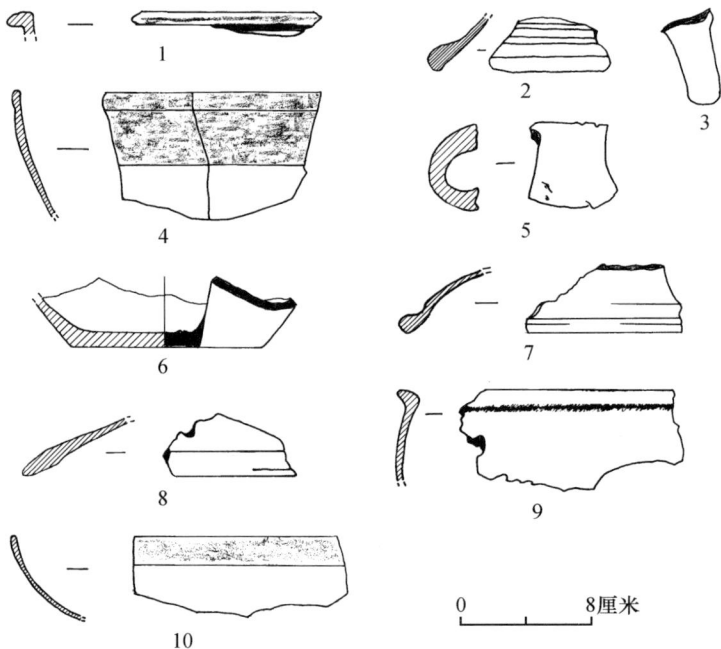

图五四　H8、H11、H13出土陶器

1. 盆（H8：5）　2. 器盖（H8：1）　3. 鼎足（H13：3）　4. 钵（H8：2）　5. 器耳（H8：4）　6. 器底（H8：3）　7. 器盖（H11：1）　8. 器盖（H11：2）　9. 釜（H13：2）　10. 钵（H13：1）

8. H11

（1）基本形制

位于T0210和T0211，开口于T0210第2层和T0211第4层下，距地表深0.5米，打破T0210第3层和T0211第5层。不规则形，斜壁，圜底。在T0210内长2.4米，宽0.8米，深0.4米，在T0211内长2.45米，宽0.94米，深0.8米。坑内堆积灰褐土、红烧土、炭渣等，包含有泥质红陶片、夹云母红陶片、夹云母褐陶片等（图五六）。

（2）出土陶器

H11：1，器盖，A型，夹砂红陶，断面可见中间为灰色，唇部加厚，方圆唇。残高4.6厘米（图五四，7）。

H11：2，器盖，B型，夹云母褐陶，沿部微内收，尖唇。残高4厘米（图五四，8）。

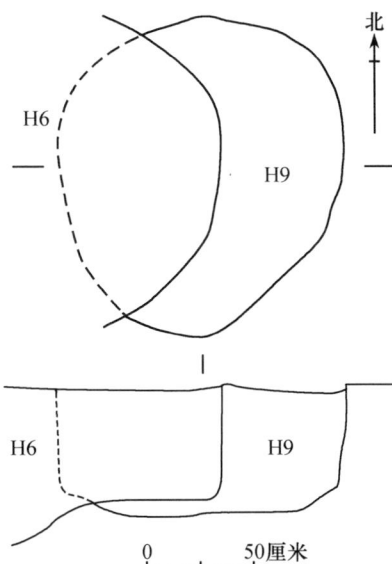

图五五　H9平、剖面图

9. H13

（1）基本形制

位于T0310，开口于2层下，距地表深0.38米，打破第3层。在探方内开口呈半圆形，敞口，直壁，平底。长1.5米，宽0.63米，深0.75米。坑内堆积灰褐土、红烧土、炭渣等，包含有泥质红陶片、夹云母红陶片、夹云母褐陶片等（图五七）。

（2）出土陶器

H13：1，红顶钵，A型Ⅰ式，泥质灰陶，红顶，大敞口，尖唇。残高5厘米（图五四，10）。

H13：2，釜，C型，夹砂夹云母灰黑陶，卷沿，圆唇，制作不甚规整，器壁表面凹凸不平。残高6.2厘米（图五四，9）。

H13：3，鼎足，A型，夹砂褐陶，横截面呈圆形，高6厘米（图五四，3；图版四，7）。

10. H14

位于T0310和T0410，开口于第2层下，打破第

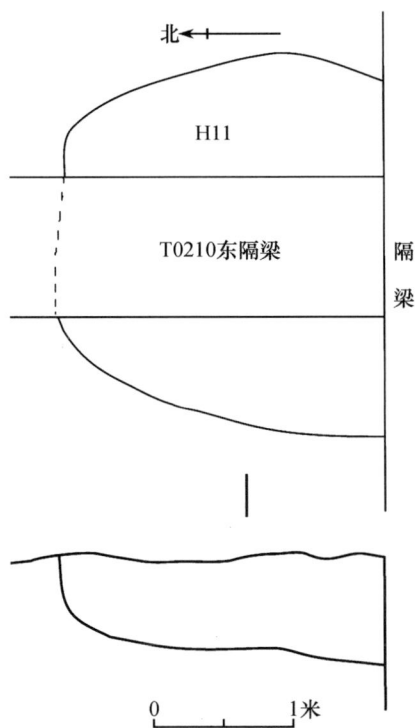

图五六　H11平、剖面图

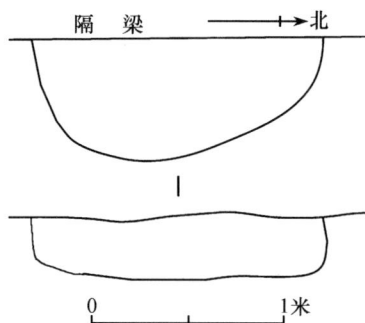

图五七　H13平、剖面图

3层和生土。坑口平面近圆形，直壁，平底。坑口长约2.2米，宽约1.9米，深1米。坑内填土暗灰色，包含有草木灰和炭渣，遗物较少，仅少量陶片（图五八）。

11. H16

位于T0410和T0409，开口于2层下，距地表深0.3米，打破第3层和生土。坑口呈不规则圆形，敞口，斜壁，圜底。长1.75米，宽0.75米，深0.6米。坑内堆积灰褐土、红烧土、炭渣等，包含有泥质红陶片、夹云母红陶片、夹云母褐陶片等（图五九）。

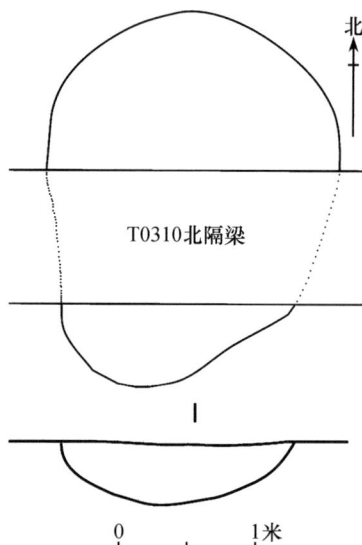

图五八　H14平、剖面图

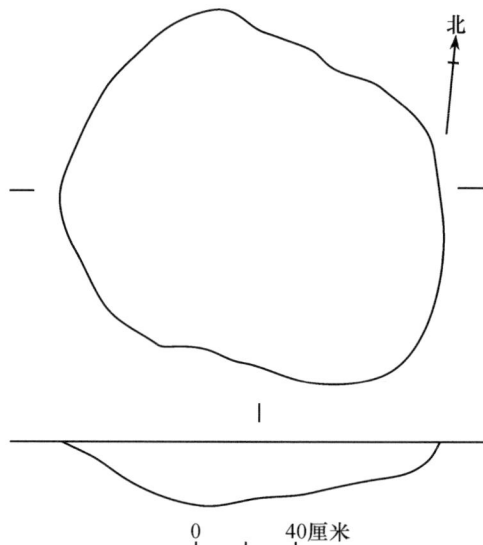

图五九　H16平、剖面图

12. H19

位于T0410，开口于2层下，距地表深0.4米，打破第3层。在探方内开口呈半圆形，斜直壁，圜底。长1.1米，宽0.5米，深0.23米。坑内堆积灰褐土、红烧土、炭渣等，包含有泥质红陶片、夹云母红陶片、夹云母褐陶片等（图六〇）。

13. H20

（1）基本形制

位于T0310和T0311，开口于T0310第2层和T0311第4层下，距地表深0.35米，被H8打破，打破T0310第3层、T0311第5层和生土。灰坑口部呈不规则形，敞口，近直壁，圜底。在T0310内长3.2米，宽1.1米，深0.74米，在T0311内长1.83米，宽0.72米，深0.77米。坑内堆积灰褐土、红烧土、炭渣等，包含有泥质红陶片、夹云母红陶片、夹云母褐陶片等（图六一）。

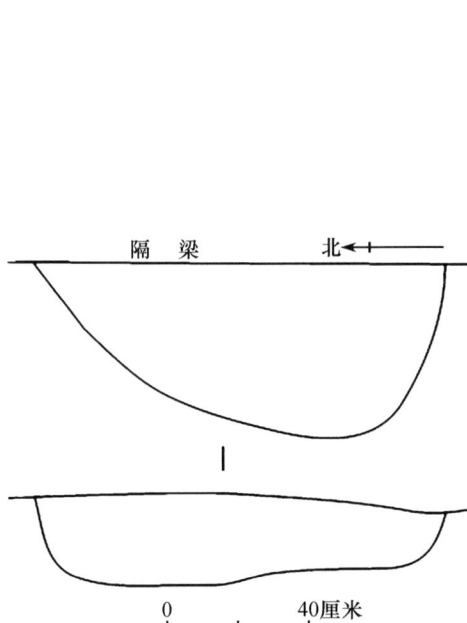

图六〇　H19平、剖面图

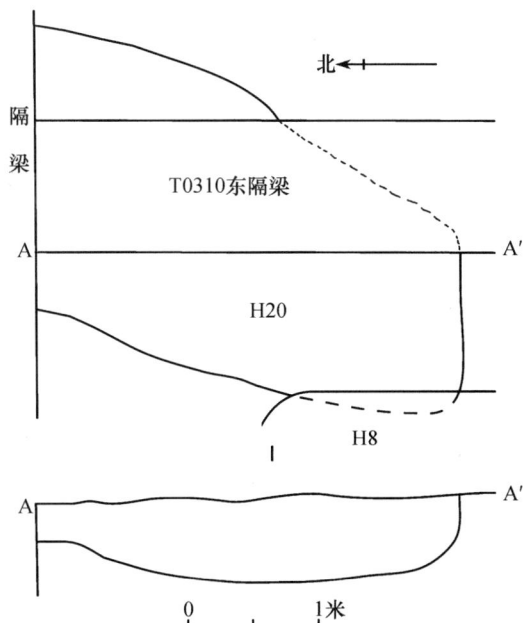

图六一　H20平、剖面图

（2）出土陶器

H20：1，小口双耳壶耳，A型，泥质红陶。残高4.7厘米，残宽3.5厘米，耳孔直径2厘米（图六二，3）。

H20：2，器底，泥质灰陶，平底，斜腹，倾角较大。底径6厘米，器壁厚约0.2厘米，残高2厘米（图六二，4）。

H20：3，红陶钵，Ⅰ式，泥质红陶，敞口，圆唇，外部口沿下缘有一凹槽。残高5.8厘米（图六二，1）。

14. H22

位于T0108，开口于第2层下，打破第3层和生土。坑口平面近圆形，斜弧壁，圜底较平。坑口长1米，宽0.85米，坑深0.45米。坑内填土呈灰褐色，较致密，含红烧土块、炭渣（图六三；图版九，1）。

15. H24

（1）基本形制

位于T0207，开口于2层下，距地表深0.25米，打破第3层和生土。在探方内开口呈

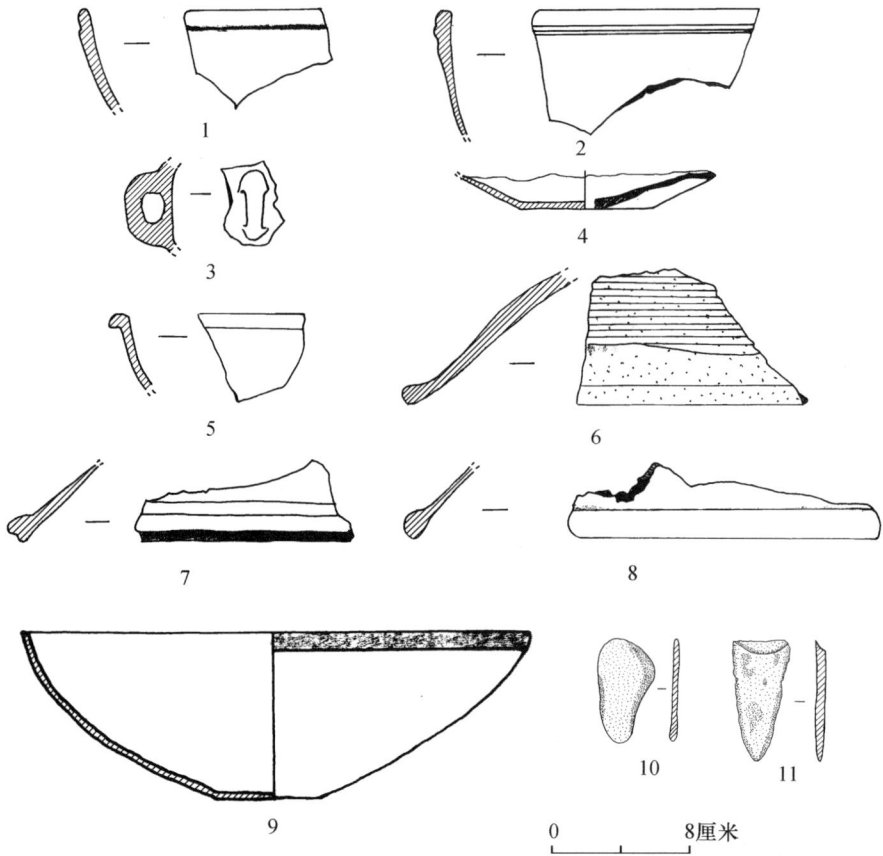

图六二　H20、H24、H35、H38、H40、H41、H42出土器物

1.钵（H20：3）　2.钵（H38：1）　3.器耳（H20：1）　4.器底（H20：2）　5.盆（H35：3）　6.器盖
（H40：1）　7.器盖（H41：1）　8.器盖（H42：1）　9.钵（H35：1）　10.石器（H24：2）　11.石镞
（H24：1）

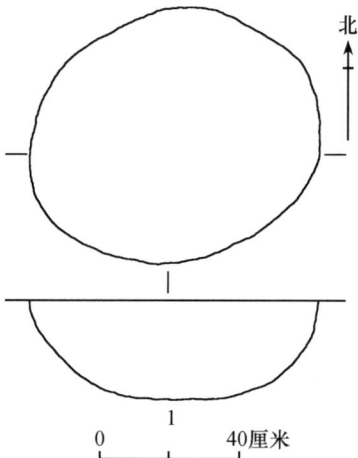

图六三　H22

1.平、剖面图　2.发掘现场

半圆形，敞口，直壁，近平底。长1米，宽0.75米，深0.65米。坑内堆积灰褐土、红烧土、炭渣等，包含有泥质红陶片、夹云母红陶片、夹云母褐陶片、石器等（图六四）。

（2）出土石器

H24：1，石镰或镞，磨制，平面呈三角形，两侧有较宽的刃。长6.9厘米，宽3.4厘米，厚0.5厘米（图六二，11；见图版四，1）。

H24：2，石器，磨制，黑褐色，不规则形。长6厘米，宽3.1厘米，厚0.3厘米（图六二，10）。

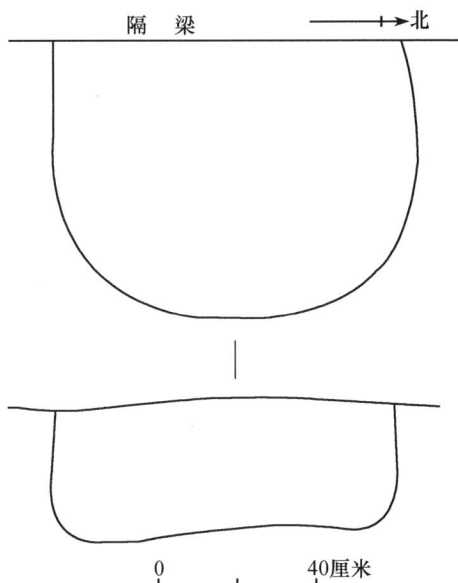

16. H25

位于T0207，开口于2层下，距地表深0.25米，打破第3层和生土。在探方内开口呈扇形，敞口，直壁，平底。长0.55米，宽0.45米，深0.5米。坑内堆积灰褐土、红烧土、炭渣等，包含有泥质红陶片、夹云母红陶片、夹云母褐陶片、石器等（图六五）。

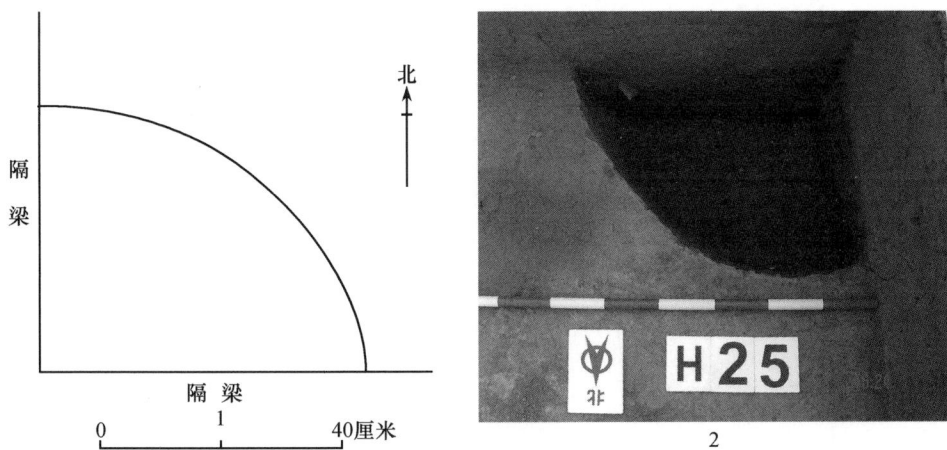

图六四　H24平、剖面图

图六五　H25
1. 平面图　2. 发掘现场

17. H30

位于T0307，开口于1层下，距地表深0.25米，打破第2、3层和生土。圆形，敞口，斜直壁，平底。长1.7米，宽1.6米，深0.45米。坑内堆积灰褐土、红烧土、炭渣等，包含有泥质红陶片、夹云母红陶片、夹云母褐陶片等（图六六）。

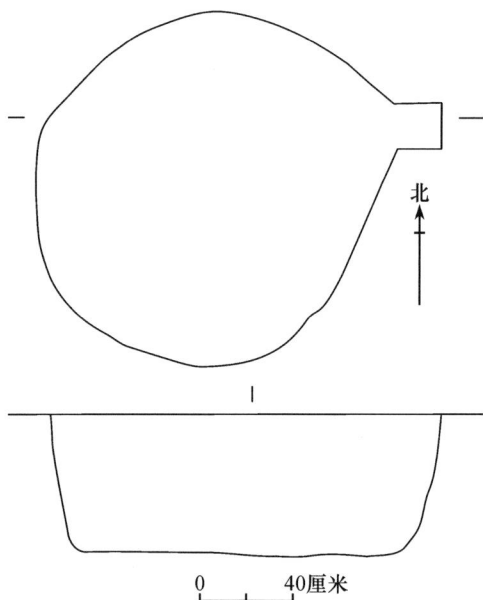

图六六　H30平、剖面图

18. H31

位于T0307，开口于1层下，打破第2、3层和生土。坑口平面大致呈椭圆形，斜直壁，平底。坑口长0.9米，宽0.6米，坑深0.45米。坑内填土为灰褐色硬胶土，包含有红烧土块、草木灰和炭渣。出土遗物较少（图六七）。

19. H32

位于T0408，开口于1层下，距地表深0.15米，打破2、3层和生土。在探方内呈半圆形，敞口，近直壁，底部南高北低。长1.22米，宽0.37米，深0.67米。坑内堆积灰褐土、红烧土、炭渣等，包含有泥质红陶片、夹云母红陶片、夹云母褐陶片等（图六八）。

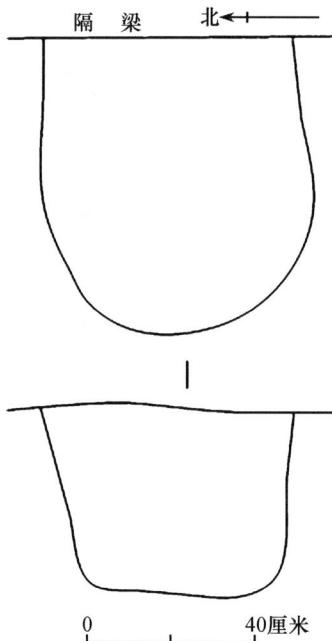

图六七　H31平、剖面图

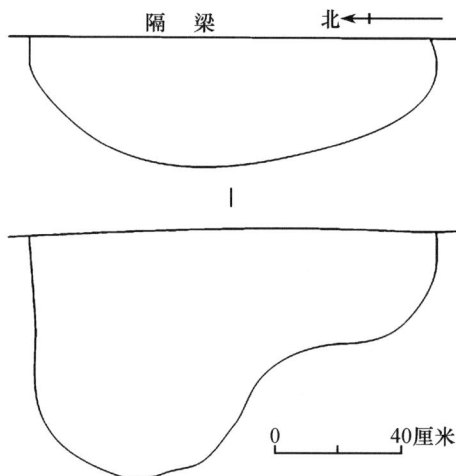

图六八　H32平、剖面图

20. H35

（1）基本形制

位于T0407和T0307，开口于1层下，距地表深0.33米，打破2、3层和生土。不规则椭圆形，敞口，直壁，不规则平底。长2.93米，宽1.5米，深1.03米。坑内堆积灰褐土、红烧土、炭渣等，包含有泥质红陶片、夹云母红陶片、夹云母褐陶片等（图六九）。

（2）出土陶器

H35：1，红顶钵，A型Ⅰ式，泥质灰陶，红顶，大敞口，尖圆唇，斜腹，腹部较浅，小平底。口径30厘米，底径6厘米，高10厘米（图六二，9）。

H35：3，盆，A型，泥质红陶，卷平沿，尖圆唇，斜直腹。残高5.2厘米（图六二，5）。

21. H36

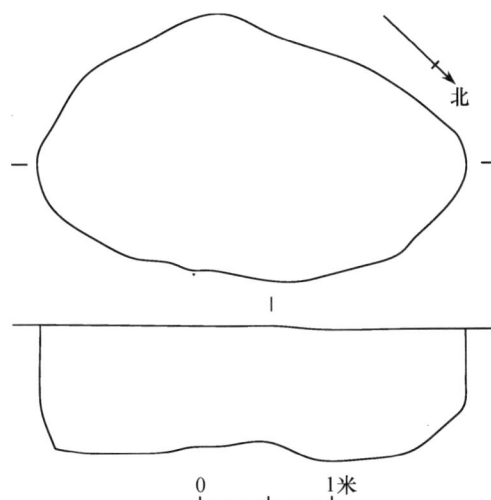

图六九 H35平、剖面图

位于T0205和T0206，开口于1层下，距地表深0.35米，打破第2、3层。不规则圆形，敞口，斜直壁，近平底。在T0205内长1.25米，宽0.45米，深0.66米。在T0206内长1.25米，宽0.45米，深0.66米。坑内堆积灰褐土、红烧土、炭块等，包含有泥质灰陶片、泥质红陶片、夹云母红陶片等（图七〇）。

22. H38

位于T0306，开口于1层下，距地表深0.25米，打破第2、3层和生土。在探方内开口呈半圆形，敞口，斜直壁，圜底。长2.08米，宽0.8米，深0.65米。坑内堆积灰褐土、红烧土、炭渣等，包含有泥质红陶片等（图七一）。

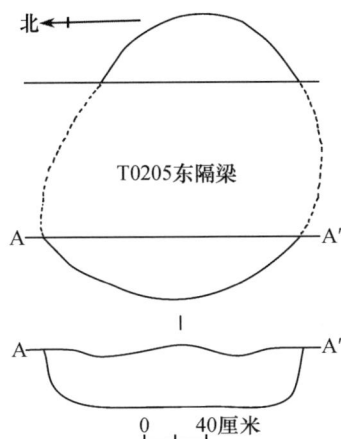

图七〇 H36平、剖面图

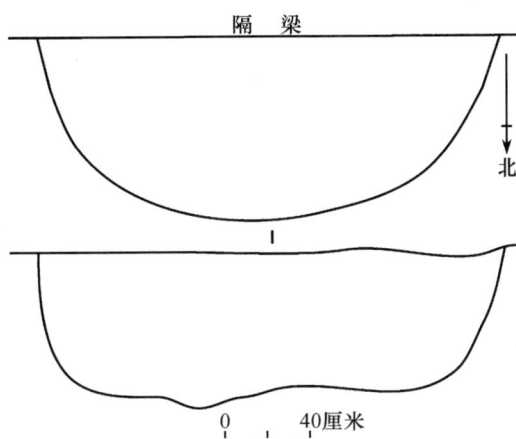

图七一 H38平、剖面图

H38：1，红陶钵，Ⅰ式，泥质褐陶，直口微敛，方唇。口沿外部形成中间有较细的一周凸棱。残高9.1厘米（图六二，2）。

23. H39

位于T0210，开口于2层下，距地表深0.25米，打破第3层和生土。在探方内开口呈不规则三角形，敞口，直壁，近平底。长1.75米，宽1.5米，深0.5米。坑内堆积灰褐土、红烧土、炭渣等，包含有泥质红陶片、夹云母红陶片、夹云母褐陶片等（图七二）。

24. H40

（1）基本形制

位于T0102，开口于2层下，距地表深0.41米，打破第3层和生土。在探方内开口呈椭圆形，敞口，斜直壁，近平底。长2.5米，宽1.5米，深0.25米。坑内堆积灰褐土、红烧土、炭渣等，包含有泥质红陶片、夹云母红陶片、夹云母褐陶片等（图七三）。

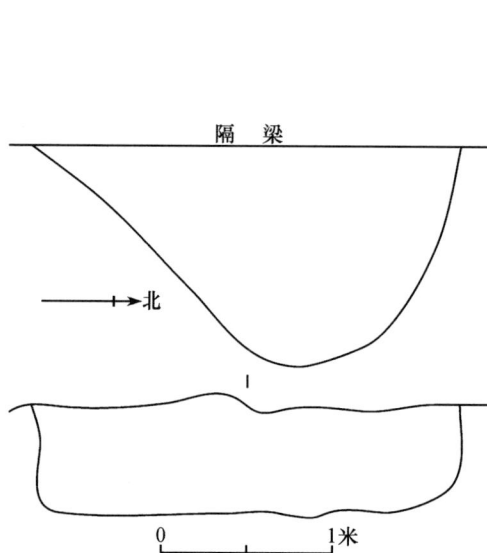

图七二　H39平、剖面图　　　　　图七三　H40平、剖面图

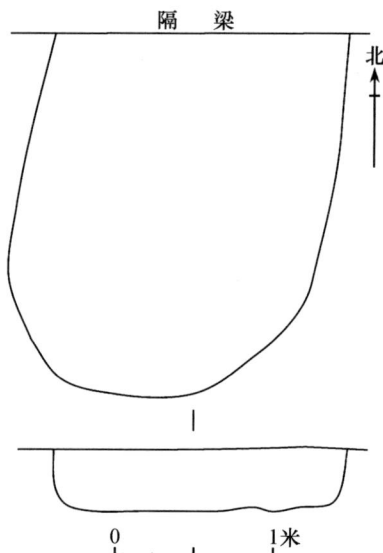

（2）出土陶器

H40：1，器盖，A型，夹砂褐陶，方圆唇，盖表有明显的轮修痕迹。残高7.6厘米（图六二，6）。

H40：2，釜，A型Ⅱ式，夹云母褐陶，侈口，折沿，圆唇，深腹。口径39.5厘米，腹径37.5厘米，深28.3厘米（图版五，8）。

25. H41

（1）基本形制

位于T0211，开口于4层下，距地表深0.8米，打破第5层和生土。在探方内开口呈不规则半圆形、敞口、斜壁、近平底。长1.45米，宽0.9米，深0.8米。坑内堆积灰褐土、红烧土、炭渣等，包含有泥质红陶片、泥质灰陶片、夹云母褐陶片等（图七四）。

（2）出土陶器

H41：1，器盖，A型，夹砂红陶，方唇，唇面有凹槽，唇部较厚。口径约34.2厘米（图六二，7）。

26. H42

（1）基本形制

位于T0111和T0211，开口于4层下，距地表深0.8米，打破第5层和生土。不规则椭圆形，敞口，斜壁，圜底。在T0111内长2.4米，宽1.87米，深0.63米；在T0211内长1.8米，宽0.9米，深0.7米。坑内堆积灰褐土、红烧土、炭渣等，包含有泥质红陶片、夹云母红陶片、夹云母褐陶片等（图七五；图版九，2）。

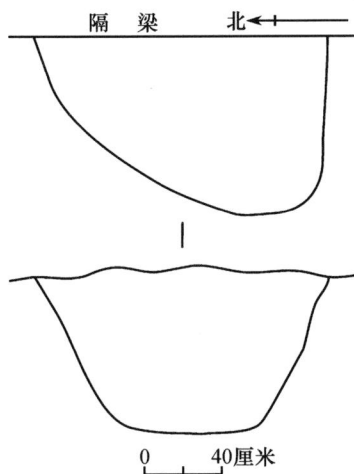

图七四　H41平、剖面图　　　图七五　H42平、剖面图

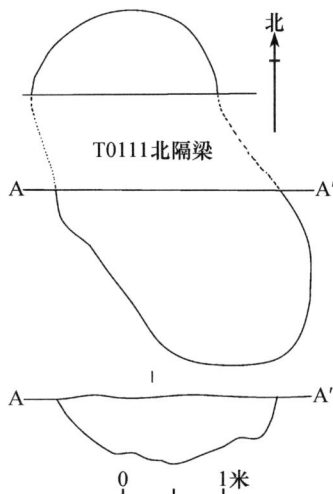

（2）出土陶器

H42：1，器盖，A型，夹砂褐陶，唇部加厚泥条，残高4.4厘米（图六二，8）。

27. H43

（1）基本形制

位于T0311和T0411，开口于4层下，距地表深0.94米，打破第5层和生土。不规则

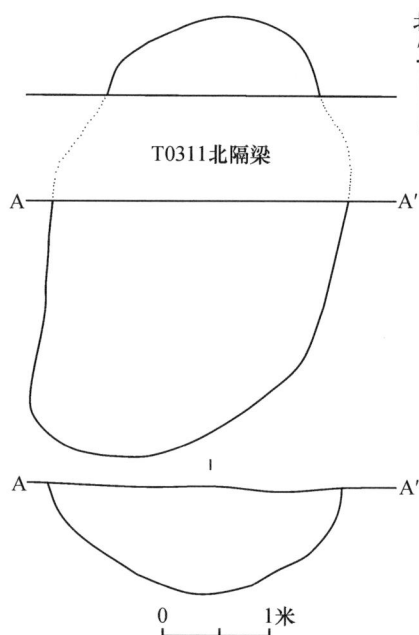

图七六　H43平、剖面图

椭圆形，敞口、斜壁、圜底。在T0311内长2.78米，宽2.5米，深0.98米。在T0411内长1.88米，宽0.76米，深0.57米。坑内堆积灰褐土、红烧土、炭渣等，包含有泥质红陶片、灰陶片、夹云母褐陶片等（图七六）。

（2）出土陶器

H43：1，盖纽，A型，夹砂红陶，盖纽为尖唇，盖纽下方有一周指甲纹，指窝较浅较大。盖纽直径5.8厘米，残高3.6厘米（图七七，3）。

H43：2，釜，A型Ⅰ式，夹砂夹云母红陶，折沿，尖圆唇，沿面微鼓。质地疏松。残高7.2厘米（图七八，8）。

H43：3，釜，A型Ⅰ式，夹细砂夹云母红陶，有褐色色斑。折沿，方圆唇。残高6.6厘米（图七八，7）。

H43：4，器盖，A型，夹砂红陶，断面可见中间为灰色，斜方唇，盖表有轮修痕迹。残高7厘米（图七八，4）。

H43：5，小口双耳壶，A型，泥质红陶，器壁中部呈灰色。直口微侈，尖圆唇，肩部有连接器耳的痕迹。口径9厘米，口高2.5厘米，残高7.6厘米（图七八，1）。

H43：6，小口双耳壶，A型，泥质红陶，小口略外侈，直领圆唇，斜肩，鼓腹，平底。口径9.5厘米，最大腹径28厘米，底径12厘米，高28.8厘米（图七七，1；见图版五，1）。

H43：7，鼎足，A型，夹砂红陶，柱足较高，横截面呈椭圆形，上粗下细。足高14厘米（图七七，6；见图版四，4）。

H43：8，盖纽，A型，夹砂红陶，盖纽为斜方唇，盖纽下部有一小平台，无指甲纹。器盖内部有明显的轮修痕迹。盖纽直径5.2厘米，残高3.4厘米（图七七，2）。

H43：9，器盖，A型，夹砂红陶，唇部加厚泥条上翻。残高4厘米（图七八，3）。

H43：10，红顶钵，A型Ⅰ式，泥质灰陶，红顶，大敞口，尖圆唇，浅腹，平底，胎质较薄。口径34厘米，底径8厘米，高9厘米（图七七，5；见图版六，1）。

H43：11，红顶钵，A型Ⅰ式，泥质灰陶，红顶，大敞口，斜腹，腹部较浅（图七八，6；图版六，7）。

H43：12，红顶钵，A型Ⅰ式，泥质灰陶，红顶，大敞口，尖圆唇。残高7.8厘米（图七八，5）。

H43：13，器底，夹砂夹云母灰陶，内壁颜色偏红，直壁，上部内收，可能为钵一类器物。底径8厘米，残高6.2厘米（图七七，4）。

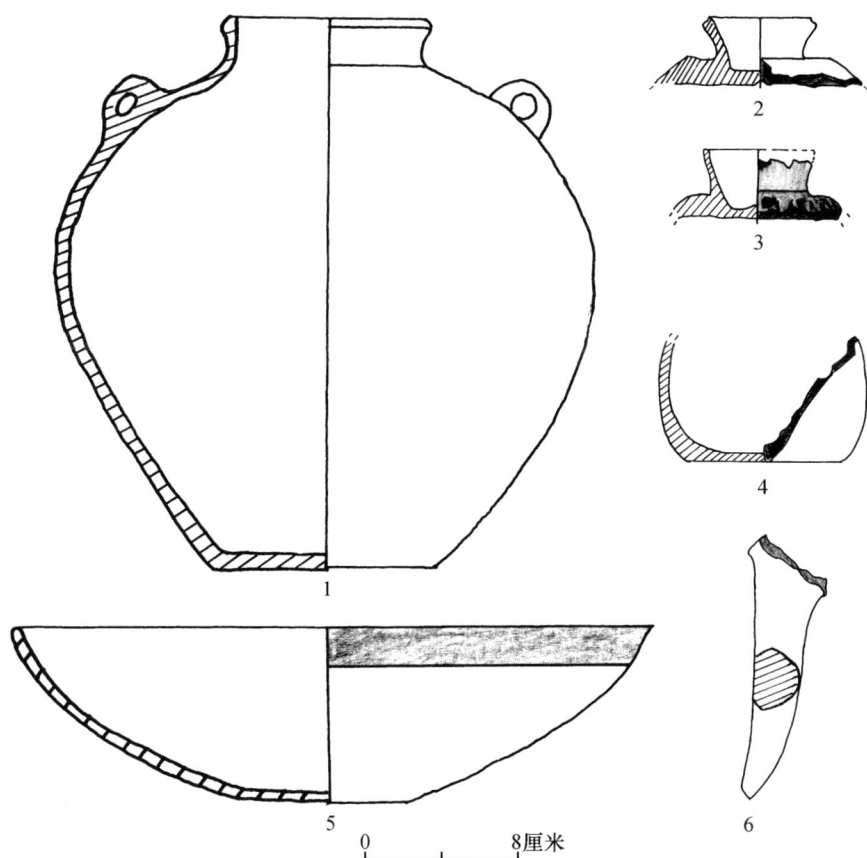

图七七　H43出土陶器

1.罐（H43∶6）　2.盖纽（H43∶8）　3.盖纽（H43∶1）　4.器底（H43∶13）　5.钵（H43∶10）　6.鼎足（H43∶7）

28. H44

（1）基本形制

位于T0311和T0312，开口于4层下，距地表深0.8米，打破第5层和生土。不规则椭圆形，敞口，斜壁，近平底。在T0311内长1.42米，宽0.63米，深0.4米。在T0312内长1.5米，宽0.35米，深0.3米。坑内堆积灰褐土、红烧土、炭渣等，包含有泥质红陶片、灰陶片、夹云母褐陶片等（图七九）。

（2）出土陶器

H44∶1，红顶钵，A型Ⅰ式，泥质褐陶，红顶，大敞口，尖唇。残高3.8厘米（图七八，2）。

29. H45

位于T0311和T0312，开口于4层下，距地表深0.8米，打破第5层和生土。不规则椭圆形，敞口，斜直壁，圜底。在T0311内长1.62米，宽0.38米，深0.48米。在T0312内长1.8

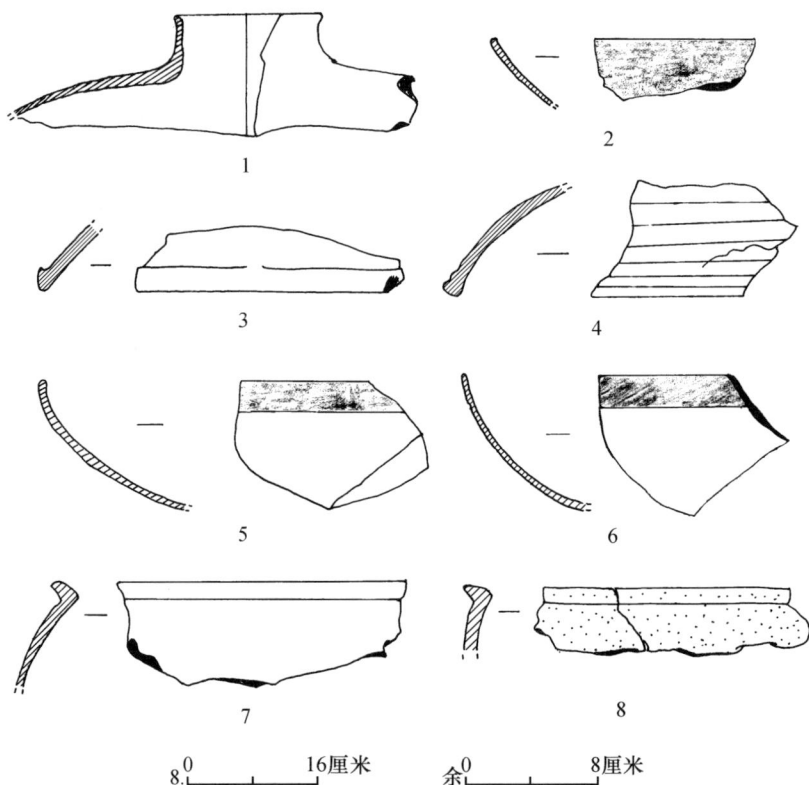

图七八　H43、H44出土陶器

1. 壶（H43：5）　2. 钵（H44：1）　3. 器盖（H43：9）　4. 器盖（H43：4）　5. 钵（H43：12）

6. 钵（H43：11）　7. 釜（H43：3）　8. 釜（H43：2）

米，宽0.65米，深0.5米。坑内堆积灰褐土、红烧土、炭渣等，包含有泥质红陶片、灰陶片、夹云母褐陶片等（图八〇）。

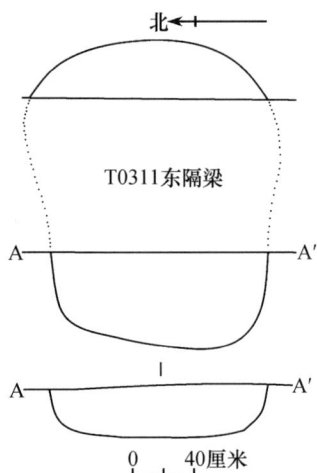

图七九　H44平、剖面图

30. H46

（1）基本形制

位于T0211和T0311，开口于第4层下，打破第5层、H47和生土。坑口平面呈椭圆形，斜壁，圜底。坑口长3.16米，宽2.3米，深1.02米。坑内填土为灰黑色花土，土质较密，夹杂有红烧土块、草木灰和炭渣及石器和大量陶片（图八一、图八二）。

（2）出土器物

①陶器

H46：1，器盖，A型，夹砂红褐陶，弦纹，手制。圆形，敞沿，卷方唇，盖顶是喇叭形捉手。口径约35厘米，盖纽直径约3.5厘米，通高约10厘米（图版六，8）。

H46：2，器底，泥质灰陶，平底，斜腹，器壁较薄，器底有戳印纹。底径8厘米，器壁厚约0.3厘米，残高5厘米（图八三，6）。

H46：6，釜，B型Ⅱ式，夹砂、夹云母灰陶，平折沿，方唇，唇下有一周凹槽。残高5厘米（图八三，5）。

H46：7，釜，A型Ⅰ式，夹云母灰褐陶，窄折沿，尖唇。折痕下部内侧微内凹。残高5厘米（图八三，2）。

H46：8，鼎足，A型，夹砂红陶，横截面呈不规则四边形，高7厘米（图八三，10）。

② 石器

H46：5，石斧，磨制，黑灰色，平面呈弧角梯形，双面刃，刃偏向一侧。斧身一侧略残。长6.4厘米，宽4.1厘米，厚1.1厘米（图八三，9；图版三，8）。

H46：9，石斧，磨制，器物表面光滑，平面呈梯形，双面刃。长6.5厘米，宽5厘米，厚1.2厘米（图八三，8；见图版三，2）。

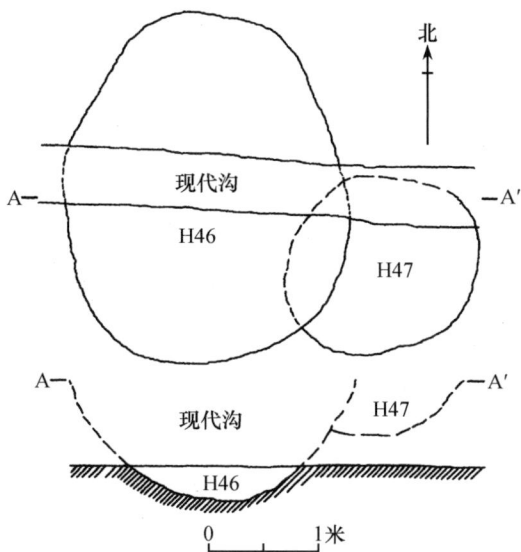

图八〇　H45平、剖面图

图八一　H46、H47平、剖面图

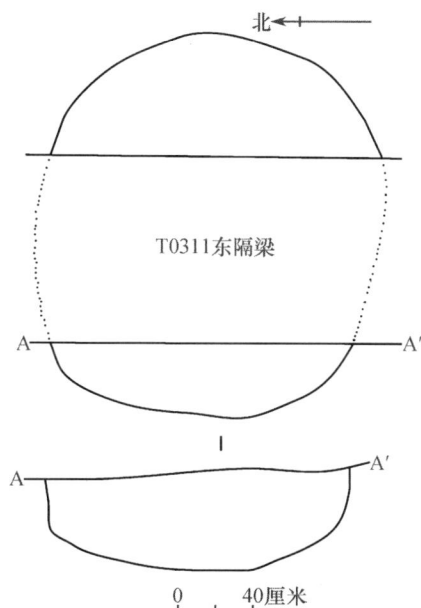

图八二　H46、H47发掘现场

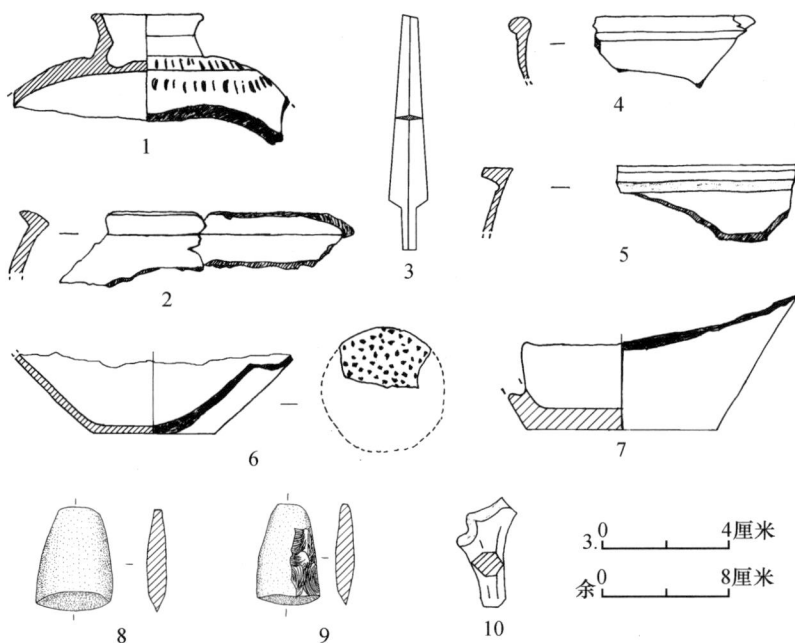

图八三　H46、H48、H49、H59、T0114②出土器物

1. 盖纽（H48：2）　2. 釜（H46：7）　3. 青铜剑形器（T0114②：2）　4. 盆（H49：1）　5. 釜（H46：6）
6. 器底（H46：2）　7. 器底（H59：1）　8. 石斧（H46：9）　9. 石斧（H46：5）　10. 鼎足（H46：8）

31. H47

位于T0211，开口于4层下，距地表深1.35米，被H46打破，打破第5层和生土。在探方内开口呈半圆形，敞口，斜壁，近平底。长1.65米，宽0.75米，深0.56米。坑内堆积灰褐土、红烧土、炭渣等，包含有泥质红陶片、夹云母褐陶片等（见图八一、图八二）。

32. H48

（1）基本形制

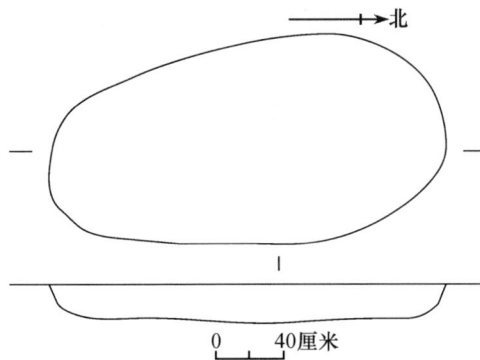

图八四　H48平、剖面图

位于T0213，开口于4层下，距地表深0.76米，打破第5层和生土。不规则椭圆形，敞口，斜壁，近平底。长2.4米，宽1.25米，深0.23米。坑内堆积灰褐土、红烧土、炭渣等，包含有泥质红陶片、灰陶片、夹云母褐陶片等（图八四）。

（2）出土器物

①陶器

H48：2，盖纽，A型，夹砂红陶，圆形

盖纽，中部微折，盖纽内部器表微突，器盖外部有两周条状指甲纹。盖纽直径7厘米，残高8厘米（图八三，1）。

②石器

H48：1，石斧，长方体，顶端开刃。残长11.1厘米，残宽5.5厘米，厚3.4厘米（图八五）。

33. H49

图八五　石斧（H48：1）

（1）基本形制

位于T0213，开口于4层下，距地表深0.76米，打破第5层和生土。不规则圆形，敞口，斜壁，圜底。长1.4米，宽1.1米，深0.48米。坑内堆积灰褐土、红烧土、炭渣等，包含有泥质红陶片、夹云母红陶片、夹云母褐陶片等（图八六；图版九，3）。

（2）出土陶器

H49：1，盆，C型，泥质红陶，厚唇外翻，斜直腹。残高4.4厘米（图八三，4）。

34. H50

位于T0313，开口于3层下，距地表深1.1米，打破第4、5层。在探方内开口呈半圆形，敞口，斜壁，近平底。长1.3米，宽0.5米，深0.4米。坑内堆积灰褐土、红烧土、炭渣等，包含有泥质红陶片、夹云母褐陶片等（图八七）。

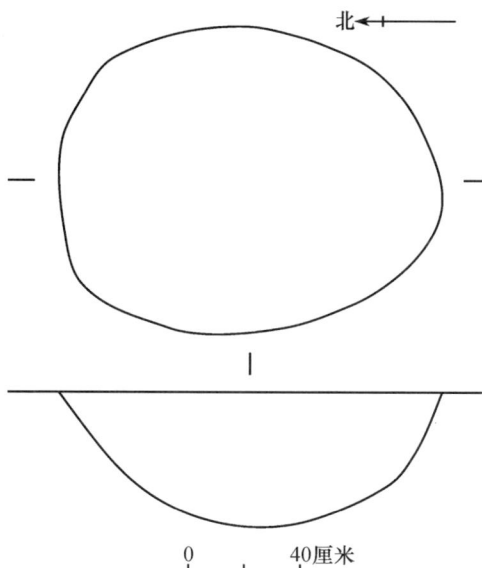

图八六　H49平、剖面图

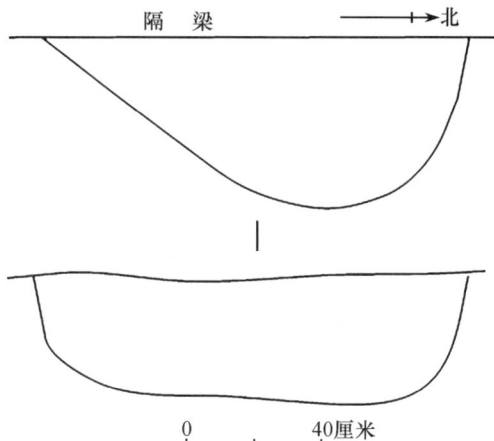

图八七　H50平、剖面图

35. H54

（1）基本形制

位于T0312和T0412，开口于4层下，距地表深0.8米，打破第5层和生土。在探方内呈不规则半椭圆形，敞口，斜壁，圜底。在T0312内长0.56米，宽0.5米，深0.4米，在T0412内长1.30米，宽0.83米，深0.73米。坑内堆积灰褐土、红烧土、炭渣等（图八八，1）。

（2）出土石器

H54：1，石杵头，磨制，圆形。长3厘米，宽4.9厘米，残高2.8厘米（图八八，2）。

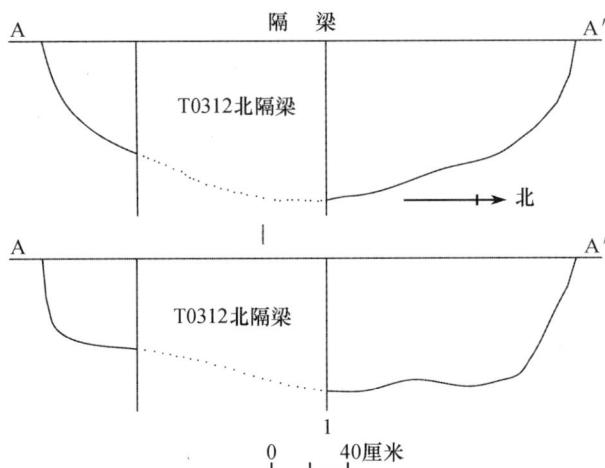

图八八　H54
1.平、剖面图　2.石杵头（H54：1）

36. H56

位于T0314，开口于3层下，距地表深0.58米，打破第4、5层和生土。在探方内开口呈不规则半圆形，敞口，斜直壁，圜底。长2.5米，宽0.85米，深0.65米。坑内堆积灰褐土、红烧土、炭渣等，包含有泥质红陶片、夹云母红陶片等（图八九）。

H56：1，器底，泥质红陶，平底，器底较薄。底径14厘米，器壁厚约0.4厘米，残高5.5厘米。

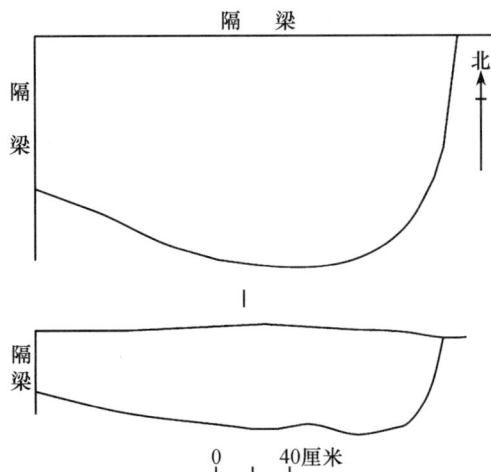

图八九　H56平、剖面图

37. H57

位于T0214，开口于3层下，距地表深0.65米，打破第4、5层和生土。在探方内开口呈半圆形，敞口，斜壁，圜底。长1.65米，宽0.75米，深0.6米。坑内堆积灰褐土、红烧土、炭渣等，包含有泥质红陶片、夹云母褐陶片等（图九〇）。

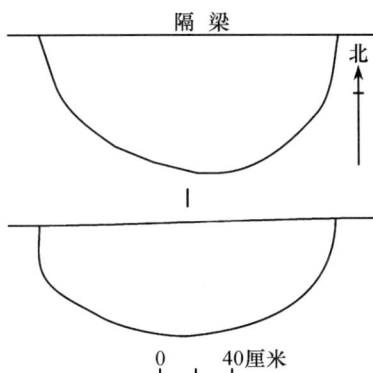

38. H58

位于T0312和T0412，开口于4层下，距地表深0.8米，打破第5层和生土。在探方内开口呈椭圆形，敞口，斜壁，圜底。在T0312内长1.65米，宽1.25米，深0.45米。在T0412内长0.9米，宽0.4米，深0.34米。坑内堆积灰褐土、红烧土、炭渣等，包含有泥质红陶片、泥质灰陶片等（图九一）。

39. H59

（1）基本形制

位于T0312，开口于4层下，距地表深0.8米，打破第5层和生土。在探方内开口近椭圆形，敞口，斜壁，圜底。长2.27米，宽1.37米，深0.78米。坑内堆积灰褐土、红烧土、炭渣等，包含有泥质红陶片、灰陶片、夹云母褐陶片等（图九二）。

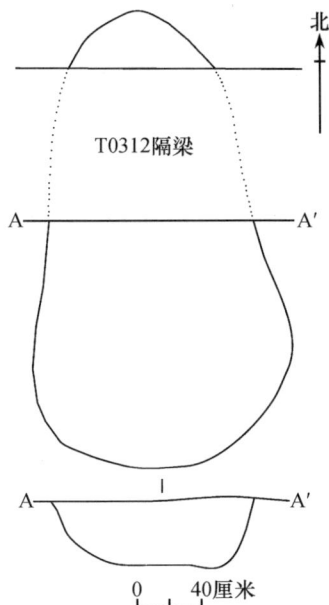

图九〇　H57平、剖面图

图九一　H58平、剖面图

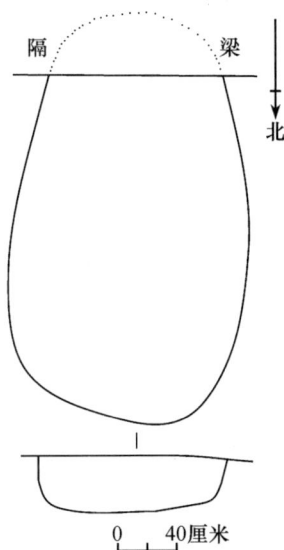

图九二　H59平、剖面图

（2）出土陶器

H59：1，器底，泥质红陶，内壁有泥条盘筑和修整痕迹，平底，斜直腹。底径12厘米，器壁厚约1厘米，残高15厘米（图八三，7）。

40. H60

位于T0303，开口于2层下，距地表深0.45米，打破第3层和生土。在探方内开口呈扇形，敞口，斜壁，圜底。长0.7米，宽0.5米，深0.45米。坑内堆积灰褐土、红烧土、炭渣等（图九三）。

41. H61

位于T0303，开口于2层下，距地表深0.42米，打破第3层。在探方内开口呈半圆形，敞口，斜壁，圜底。长0.86米，宽0.35米，深0.38米。坑内堆积灰褐土、红烧土、炭渣等（图九四）。

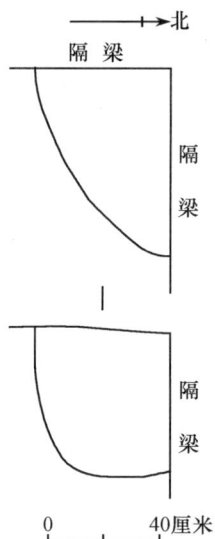

图九三　H60平、剖面图　　　　图九四　H61平、剖面图

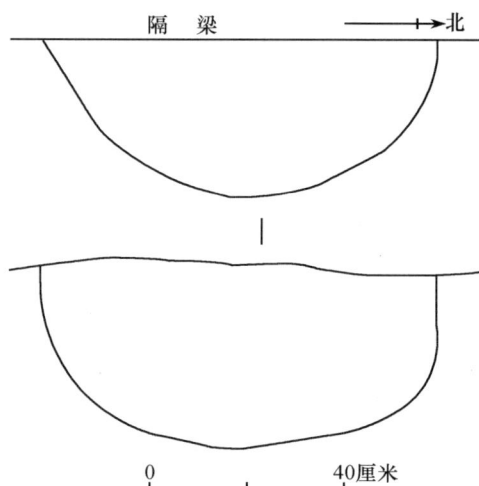

42. H62

位于T0303，开口于2层下，距地表深0.37米，打破第3层。在探方内开口呈半圆形，敞口，斜壁，圜底。长0.8米，宽0.2米，深0.25米。内堆积灰褐土、红烧土、炭渣等（图九五）。

43. H63

位于T0303，开口于2层下，距地表深0.38米，打破第3层和生土。在探方内开口呈扇形，敞口，斜壁，圜底。长0.86米，宽0.4米，深0.44米。坑内堆积灰褐土、红烧土、炭渣等（图九六）。

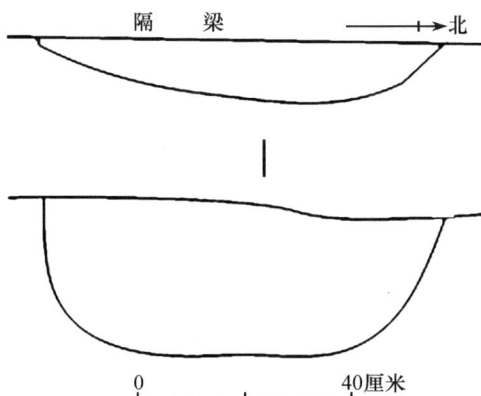

图九五　H62平、剖面图

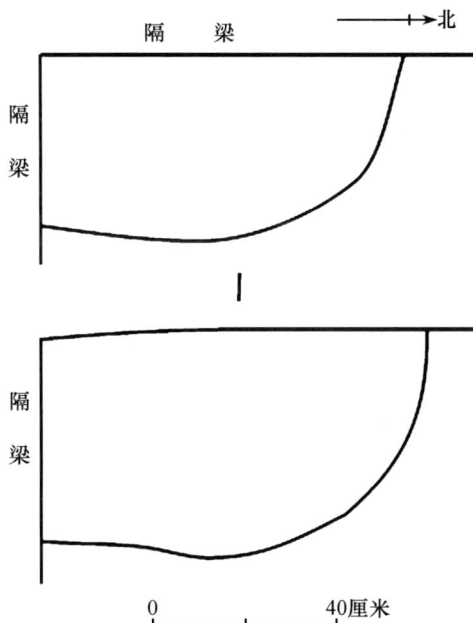

图九六　H63平、剖面图

44. H64

位于T0304，开口于2层下，距地表深0.45米，打破第3层和生土。在探方内开口呈扇形，敞口，斜壁，近平底。长0.97米，宽0.57米，深0.38米。坑内堆积灰褐土、红烧土、炭渣等，没有发现包含物（图九七）。

45. H65

位于T0304，开口于2层下，距地表深0.4米，打破第3层和生土。在探方内开口呈半圆形，敞口，斜壁，圜底。长0.95米，宽0.46米，深0.4米。坑内堆积灰褐土、红烧土、炭渣等，没有发现包含物（图九八）。

46. H66

位于T0304，开口于2层下，距地表深0.42米，打破第3层和生土。在探方内开口呈扇形，敞口，斜壁，近平底。长0.93米，宽0.5米，深0.45米。坑内堆积灰褐土、红烧土、炭渣等，没有发现包含物（图九九）。

47. H67

位于T0403，开口于1层下，距地表深0.15米，打破第2、3层和生土。在探方内开口呈不规则半圆形，敞口，斜壁，圜底。长1.6米，宽1.05米，深0.55米。坑内堆积灰褐土、红烧土、炭渣等，包含有泥质红陶片、夹云母红陶片、夹云母褐陶片等（图一〇〇）。

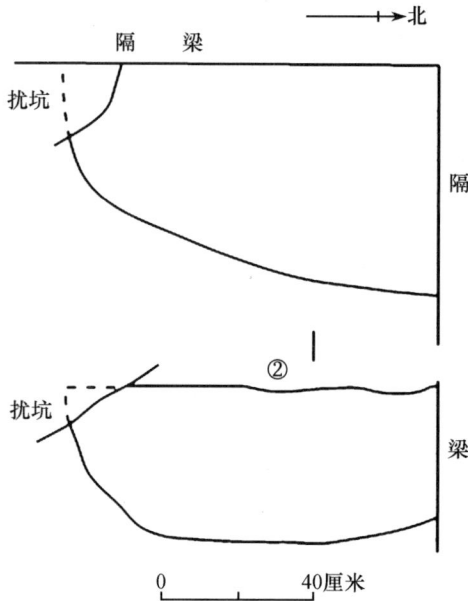

图九七　H64平、剖面图

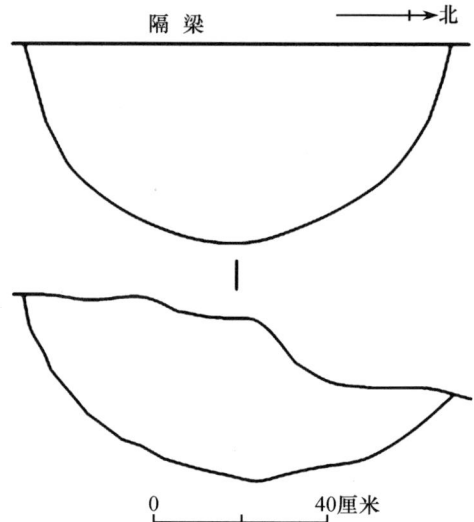

图九八　H65平、剖面图

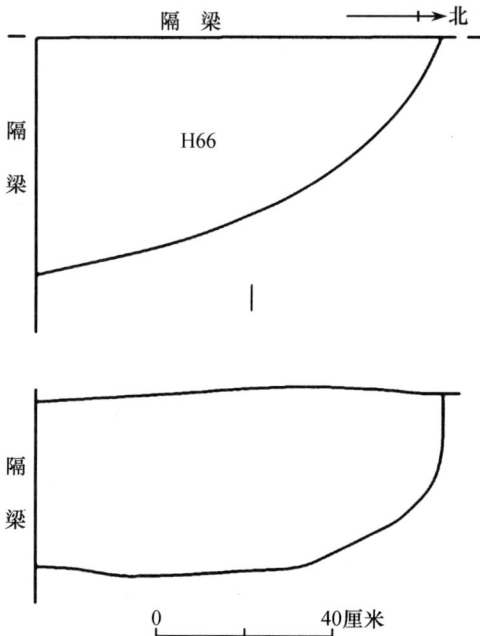

图九九　H66平、剖面图

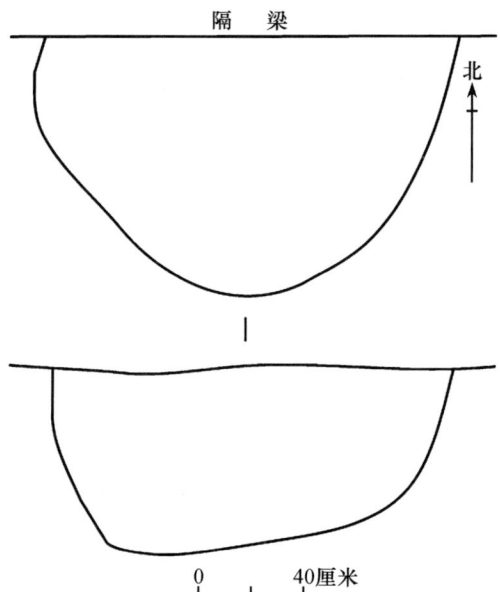

图一〇〇　H67平、剖面图

48. H68

位于ⅡT0108，开口于1层下，距地表深0.48米，打破第2层和H80。在探方内开口呈半椭圆形，敞口，斜壁，近平底。长1.4米，宽0.33米，深0.25米。坑内堆积灰褐土、红烧土、炭渣等，包含有泥质灰陶片（图一〇一）。

49. H69

（1）基本形制

位于ⅡT0208，开口于1层下，距地表深0.1米，打破第2、3层和生土。椭圆形，敞口，斜壁，圜底。长2.2米，宽1.9米，深0.7米。坑内堆积灰褐土、红烧土、炭渣等，包含有泥质红陶片、夹云母红陶片、夹云母褐陶片等（图一〇二）。

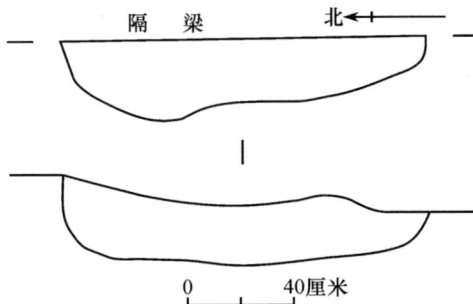

图一〇一　H68平、剖面图

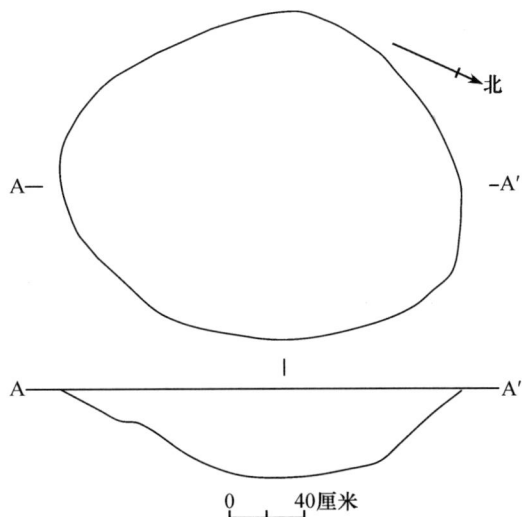

图一〇二　H69平、剖面图

（2）出土器物

①陶器

H69：2，红陶钵，Ⅱ式，泥质红陶，敛口，方唇，唇部微厚。残高6.2厘米（图一〇三，4）。

H69：3，小口双耳壶，型式不明，泥质红陶，直口略残，口肩交界处内部能看到拼接痕迹。残高3厘米（图一〇三，1）。

②石器

H69：1，磨盘，磨制，平板状。残长12.3厘米，残宽9.1厘米，厚2.1厘米（图一〇三，9）。

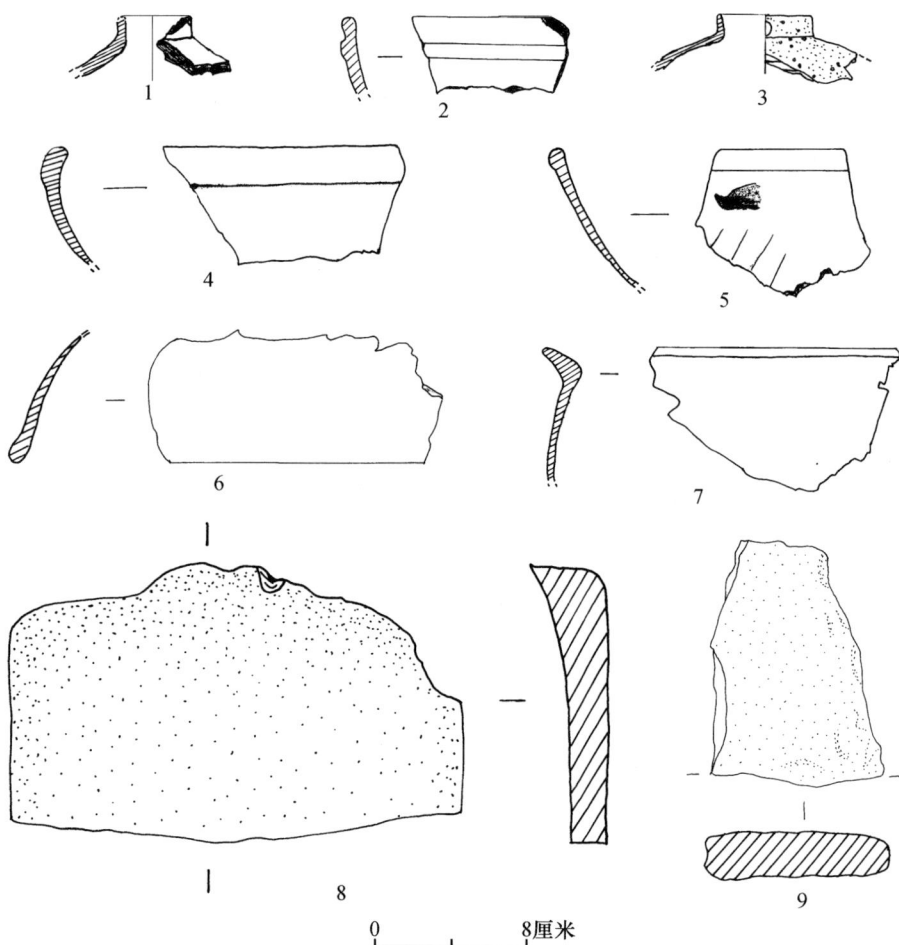

图一〇三　　H69、H73、H76出土器物

1.壶口（H69∶3）　2.钵（H76∶4）　3.壶口（H73∶2）　4.钵（H69∶2）　5.钵（H76∶2）
6.器盖（H76∶3）　7.釜（H73∶1）　8.磨盘（H76∶1）　9.磨盘（H69∶1）

50. H71

位于ⅡT0207。开口于1层下，距地表深0.17米，打破第2、3层。在探方内开口呈半圆形，敞口，斜壁，近平底。长1.85米，宽0.38米，深0.36米。坑内堆积灰褐土、红烧土、炭渣等，包含有泥质红陶片（图一〇四）。

51. H72

位于ⅡT0207，开口于1层下，距地表深0.16米，打破第2、3层。在探方内开口呈半圆形，敞口，斜壁，近平底。长0.8米，宽0.35米，深0.43米。坑内堆积灰褐土、红烧土、炭渣等（图一〇五）。

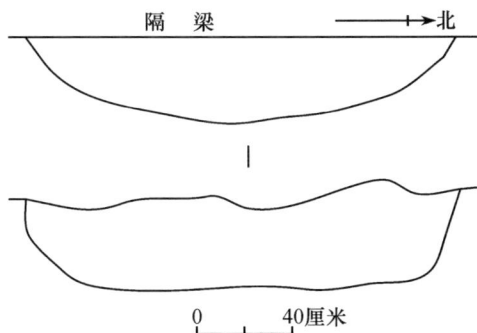

图一〇四　H71平、剖面图

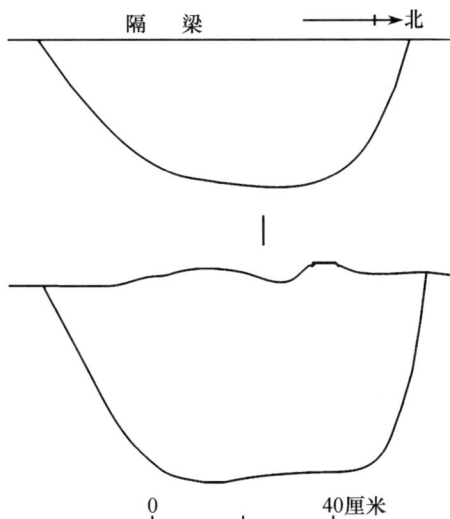

图一〇五　H72平、剖面图

52. H73

（1）基本形制

位于ⅡT0207，开口于1层下，距地表深0.12米，打破第2、3层和生土。在探方内开口呈半圆形，敞口，斜壁，近平底。长2.19米，宽0.98米，深0.72米。坑内堆积灰褐土、红烧土、炭渣等，包含有泥质红陶片、夹云母红陶片、夹云母褐陶片等（图一〇六）。

（2）出土陶器

H73：1，釜，A型Ⅱ式，夹云母褐陶，折沿，沿面宽，方圆唇。器壁薄厚不均。残高7.6厘米（图一〇三，7）。

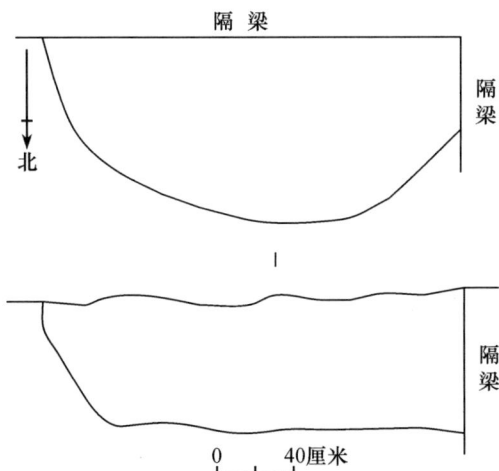

图一〇六　H73平、剖面图

H73：2，小口双耳壶，型式不明，夹云母红陶，直口微侈，尖圆唇，口部有对称的两个圆孔。口径5厘米，残高3.6厘米，穿孔直径0.5厘米（图一〇三，3）。

53. H76

（1）基本形制

位于ⅡT0207，开口于1层下，距地表深0.1米，打破2、3层、F12和生土。椭圆形，敞口，斜壁，近平底。长1.7米，宽1.3米，深0.72米。坑内堆积灰褐土、红烧土、炭渣等，包含有泥质红陶片、夹云母红陶片、夹云母褐陶片等（图一〇七）。

（2）出土器物

① 陶器

H76：2，灰陶钵，泥质灰陶，敞口，圆唇，口沿凸起。残高7.8厘米（图一〇三，5）。

H76：3，器盖，B型，夹云母褐陶，沿部微外鼓。残高7.2厘米（图一〇三，6）。

H76：4，红陶钵，Ⅰ式，泥质褐陶，直口，圆唇，口沿外部下有一凸棱。胎质较硬。残高4厘米（图一〇三，2）。

② 石器

H76：1，磨盘，砂石质，磨制，器物较大，质地粗糙，长方形圆角花边，残断，中部下凹明显。长24.4厘米，宽14.7厘米，厚1.8～4.2厘米（图一〇三，8；见图版三，4）。

54. H77

位于ⅡT0209，开口于2层下，距地表深0.32米，被G4打破，打破3、4层。不规则椭圆形，敞口，斜壁，圜底。底部周边较缓，中间较深。长1.85米，宽1.35米，深0.83米。坑内堆积灰黑土、红烧土、炭渣等，包含有泥质红陶片、夹云母红陶片、夹云母褐陶片等（图一〇八）。

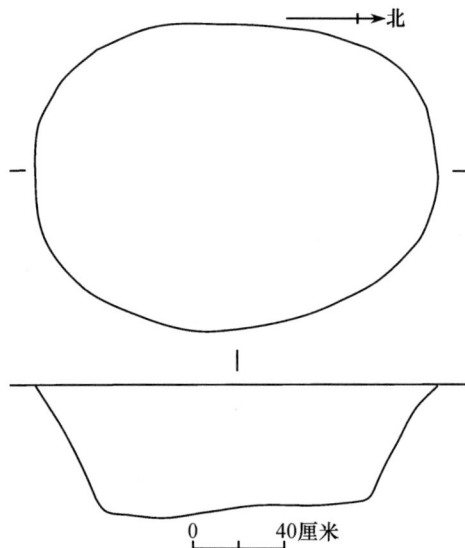

图一〇七　H76平、剖面图　　　　图一〇八　H77平、剖面图

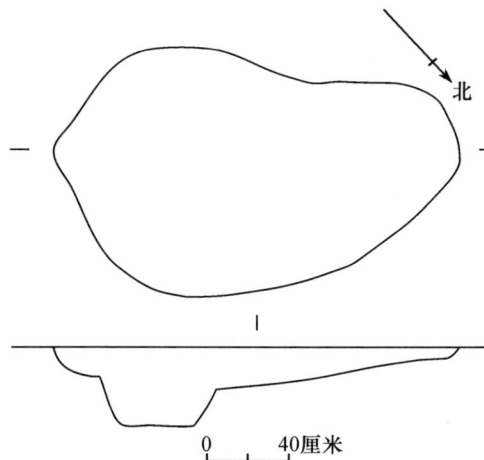

55. H78

位于T0411，开口于4层下，距地表深0.94米，打破第5层和生土。不规则椭圆形，敞口，斜壁，圜底。长0.95米，宽0.83米，深0.57米。坑内堆积灰褐土、红烧土、炭渣等，包含有泥质灰陶片、夹云母红陶片、夹云母褐陶片等（图一〇九）。

56. H79

　　位于T0411，开口于4层下，距地表深0.94米，打破第5层和生土。椭圆形，敞口，斜壁，近平底。长1.41米，宽1.97米，深0.55米。坑内堆积灰褐土、红烧土、炭渣等，包含有泥质红陶片、泥质灰陶片、夹砂红陶片、夹云母红陶片、夹云母褐陶片等（图一一○）。

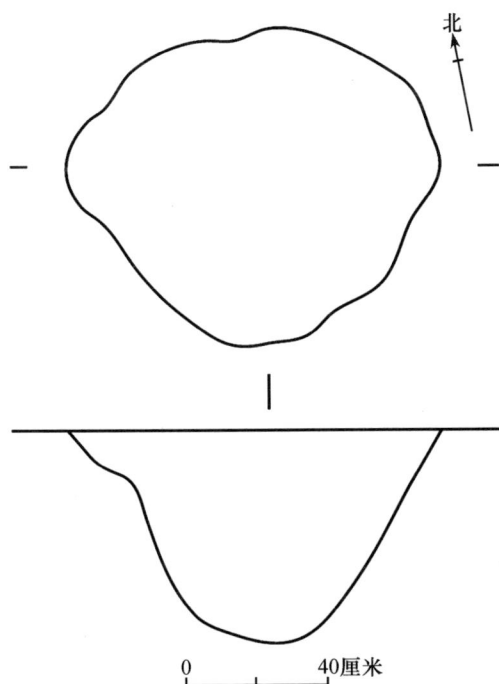

图一○九　H78平、剖面图

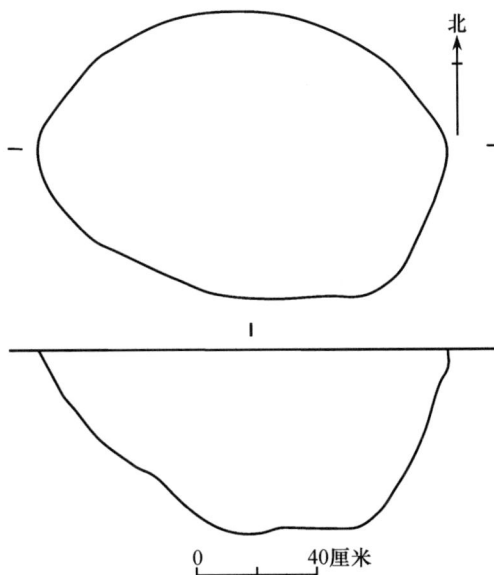

图一一○　H79平、剖面图

57. H80

　　位于ⅡT0108，开口于2层下，距地表深0.4米，被H68和J1打破，打破第3层和生土。在探方内开口呈半椭圆形，敞口，斜壁，近平底。长3.2米，宽1.25米，深0.6米。坑内堆积灰褐土、红烧土、炭渣等，包含有泥质红陶片、夹云母褐陶片等（图一一一）。

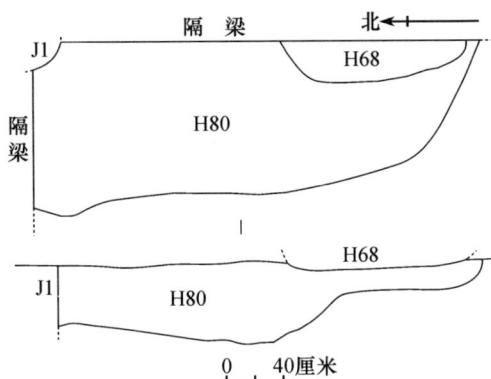

图一一一　H80平、剖面图

58. H82

（1）基本形制

　　位于ⅡT0108，开口于2层下，距地表深0.4米，打破第3层和生土。不规则椭圆

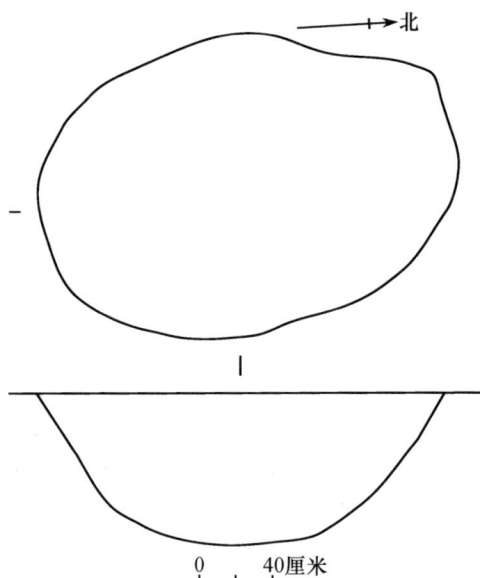

图一一二　H82平、剖面图

形，敞口，斜壁，圜底。长2.2米，宽1.65米，深0.9米。坑内堆积灰褐土、红烧土、炭渣等，包含有泥质红陶片、夹云母褐陶片等（图一一二）。

（2）出土陶器

H82：1，釜，B型Ⅱ式，夹砂夹云母灰陶，平折沿，沿部微鼓，尖唇。残高6.6厘米（图一一三，7）。

H82：2，器盖，A型，夹砂褐陶，唇部略加厚，尖圆唇，盖表有刮抹的波带纹。残高6.8厘米（图一一三，5）。

H82：3，器盖，A型，夹砂红陶，唇部外撇，斜方唇。残高3.2厘米（图一一三，3）。

H82：4，红顶钵，B型Ⅱ式，泥质灰陶，红顶，敞口，方圆唇，唇下有一周凸棱。残高4.8厘米（图一一三，2）。

59. H84

位于ⅡT0110，开口于2层下，距地表深0.25米，打破3、4层和生土。不规则椭圆形，敞口，斜壁，圜底。长1.75米，宽1.4米，深1.4米。坑内堆积灰褐土、红烧土、炭渣等，包含有泥质红陶片、夹云母红陶片、夹云母褐陶片等（图一一四）。

60. H85

位于ⅡT0210，开口于3层下，距地表深0.3米，打破第4层和生土。不规则圆形，敞口，斜壁，平底。长1.25米，宽1.22米，深0.45米。坑内堆积灰褐土、红烧土、炭渣等，包含有泥质红陶片、夹云母红陶片、夹云母褐陶片等（图一一五）。

61. H86

位于ⅡT0210，开口于3层下，距地表深0.32米，打破第4层。在探方内开口呈不规则半圆形，敞口，斜壁，平底。长0.5米，宽0.5米，深0.3米。坑内堆积灰褐土、红烧土、炭渣等，包含有泥质红陶片等（图一一六）。

62. H87

（1）基本形制

位于ⅡT0210，开口于3层下，距地表深0.3米，打破第4层和生土。在探方内开口

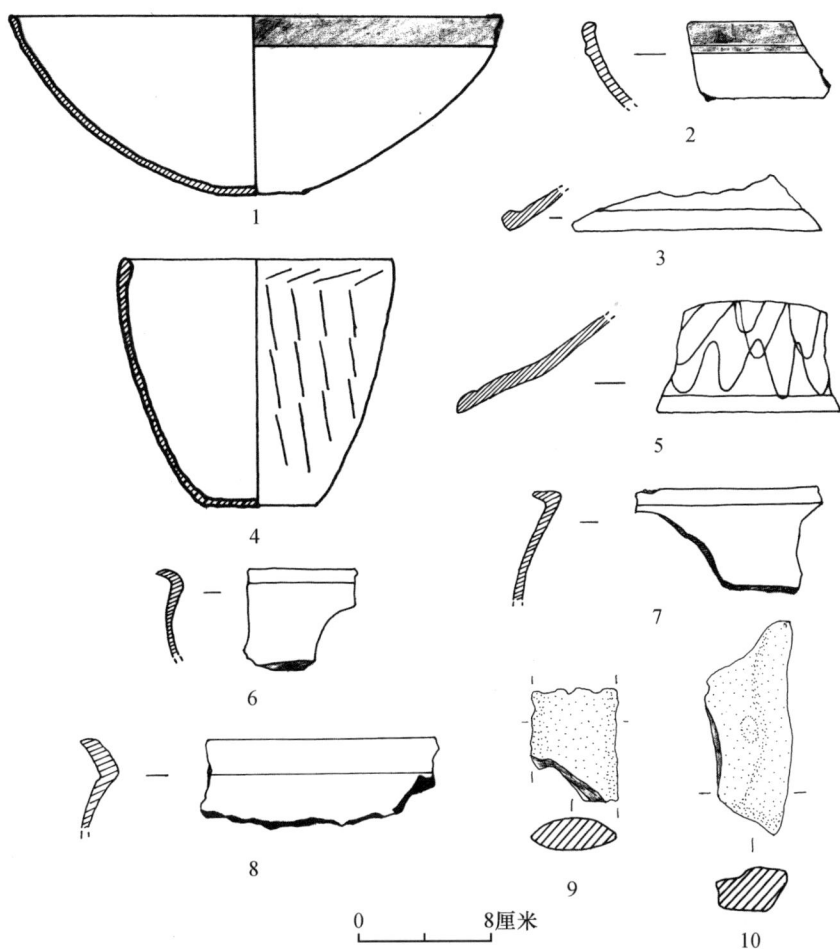

图一一三 H82、H87、H89、H95出土器物

1.钵（H89：1） 2.钵（H82：4） 3.器盖（H82：3） 4.钵（H95：1） 5.器盖（H82：2） 6.盆（H95：2） 7.釜（H82：1） 8.釜（H95：3） 9.磨棒（H87：1） 10.石器（H95：4）

呈扇形，敞口，直壁，圜底。长0.95米，宽0.75米，深0.45米。坑内堆积灰褐土、红烧土、炭渣等，包含有泥质红陶片、夹云母褐陶片等（图一一七）。

（2）出土石器

H87：1，磨棒，磨制，圆柱形，横截面呈扁椭圆形。宽5.8厘米，长7.1厘米，厚2厘米（图一一三，9）。

63. H88

位于ⅡT0206，开口于1层下，距地表深0.28米，打破第2、3层和生土。圆形，敞口，斜壁，近平底。长0.77米，宽0.76米，深0.45米。坑内堆积灰黑土、炭渣等，包含有泥质红陶片、夹云母褐陶片等（图一一八）。

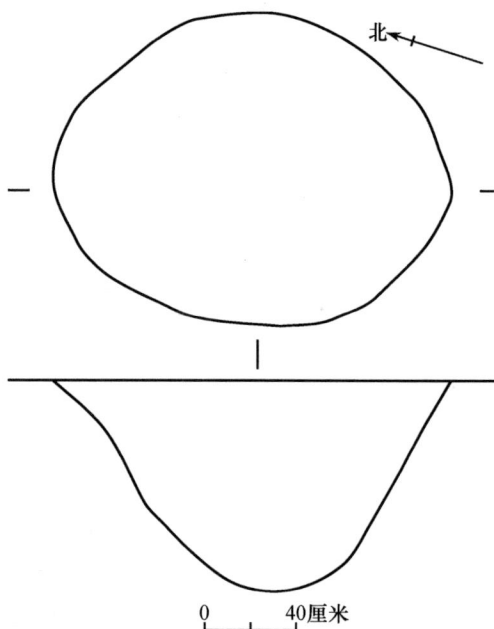

图一一四 H84平、剖面图

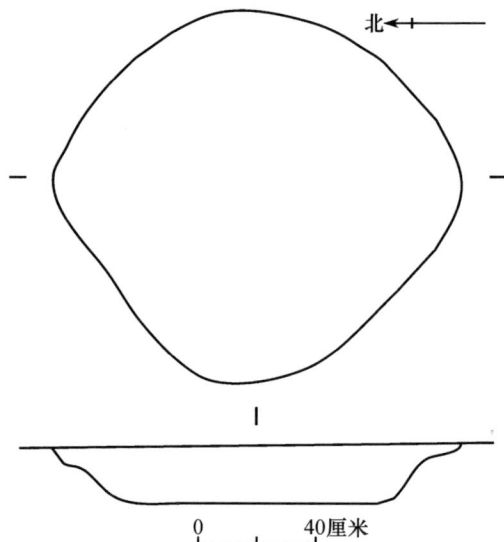

图一一五 H85平、剖面图

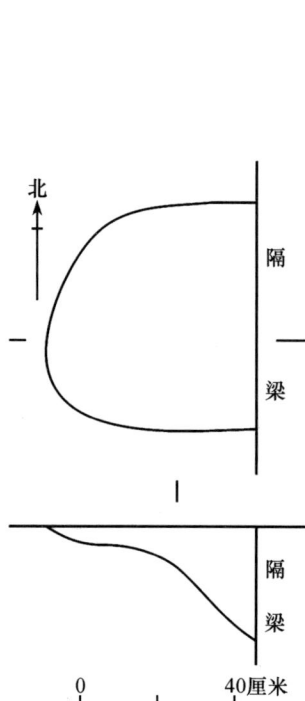

图一一六 H86平、剖面图

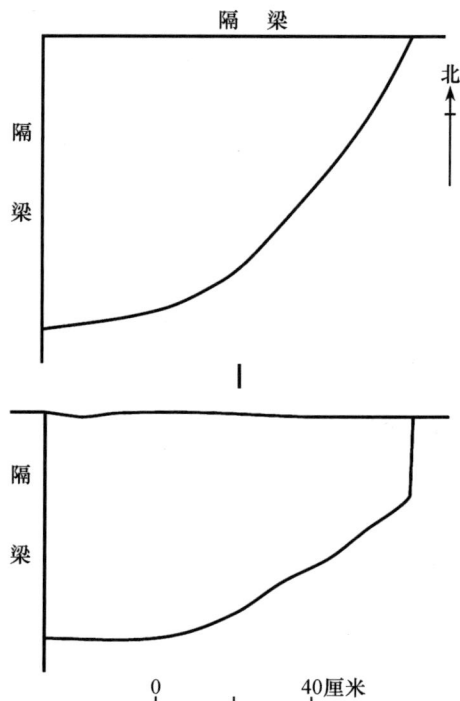

图一一七 H87平、剖面图

64. H89

（1）基本形制

位于ⅡT0206，开口于1层下，距地表深0.28米，打破第2、3层。在探方内开口呈不规则形，敞口，斜壁，圜底。长0.92米，宽0.68米，深0.53米。坑内堆积灰黑土、红烧土、炭渣等，包含有泥质红陶片（图一一九）。

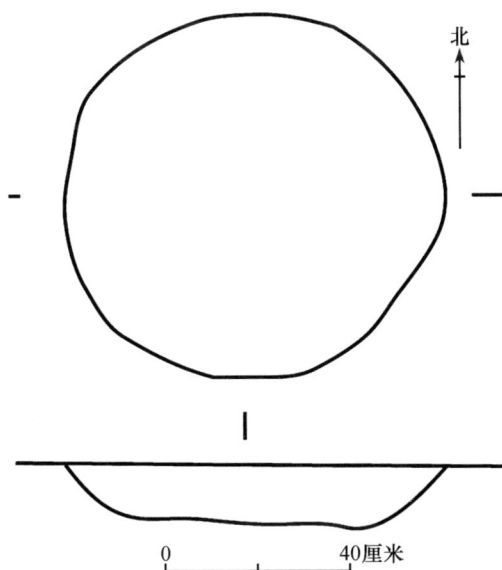

图一一八　H88平、剖面图

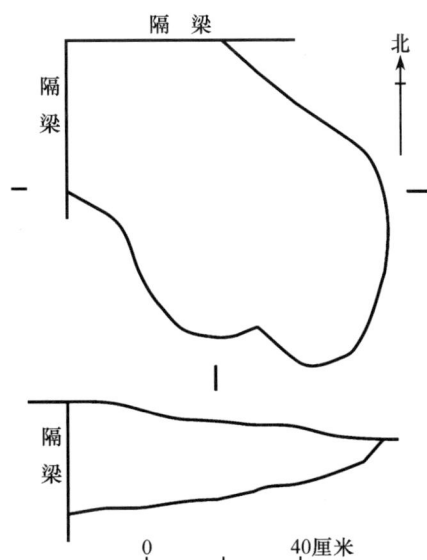

图一一九　H89平、剖面图

（2）出土陶器

H89：1，红顶钵，A型Ⅰ式，泥质灰陶，素面，手制。直口，尖唇，小平底。口径30厘米，底径5.5厘米，高9.5厘米（图一一三，1）。

65. H90

位于ⅡT0105，开口于2层下，距地表深0.3米，打破第3层和生土。椭圆形，敞口，斜壁，圜底。长1.3米，宽1.1米，深0.3米。坑内堆积灰褐土、炭渣等，包含有少量泥质红陶片（图一二〇）。

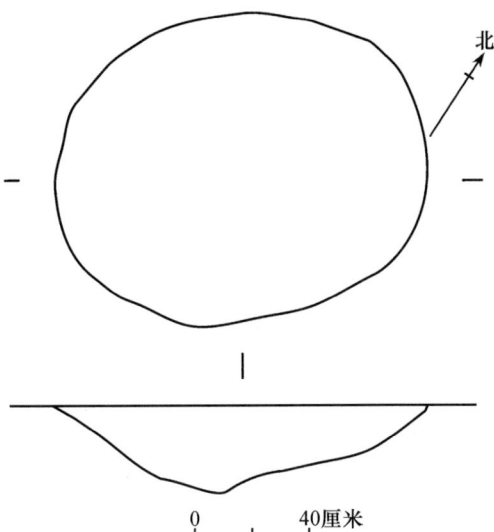

图一二〇　H90平、剖面图

66. H91

位于ⅡT0205，开口于2层下，距地表深0.35米，打破第3层和生土。椭圆形，敞口，斜壁，平底。长1.5米，宽1.13米，深0.7米。坑内堆积灰褐土、红烧土、炭渣等，包含有泥质红陶片、泥质灰陶片等（图一二一）。

67. H92

位于ⅡT0205，开口于2层下，距地表深0.35米，打破第3层和生土。椭圆形，敞口，斜壁，圜底。长1.25米，宽0.7米，深0.6米。坑内堆积灰褐土、红烧土、炭渣等（图一二二）。

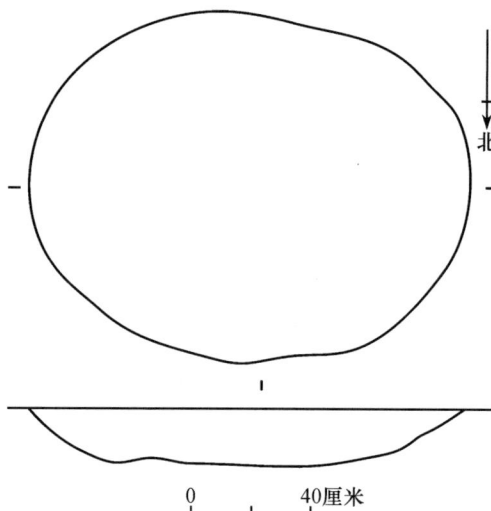

图一二一　H91平、剖面图　　　　　　　图一二二　H92平、剖面图

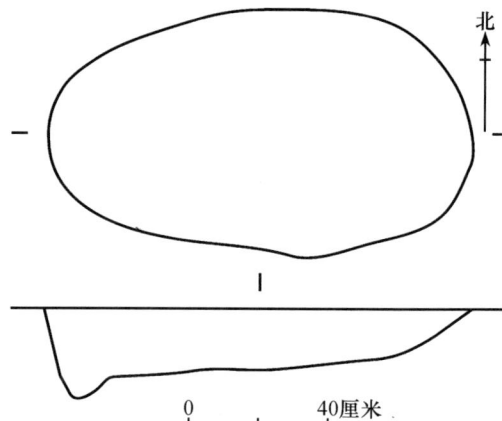

68. H93

位于ⅡT0206，开口于2层下，距地表深0.52米，打破第3层和生土。不规则椭圆形，敞口，斜壁，近平底。长1.12米，宽0.92米，深0.66米。坑内堆积灰褐土、红烧土、炭渣等，没有发现包含物（图一二三）。

69. H94

位于ⅡT0206，开口于2层下，距地表深0.52米，打破第3层和生土。不规则椭圆形，敞口，斜壁，平底。长1.3米，宽1.05米，深0.67米。坑内堆积灰褐土、红烧土、炭渣等，没有发现包含物（图一二四）。

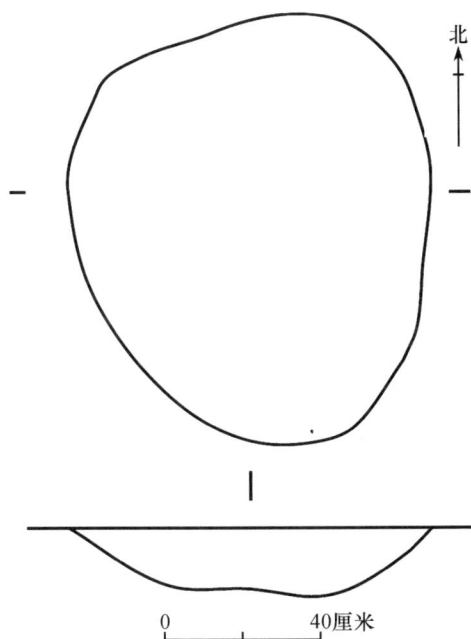

图一二三　H93平、剖面图

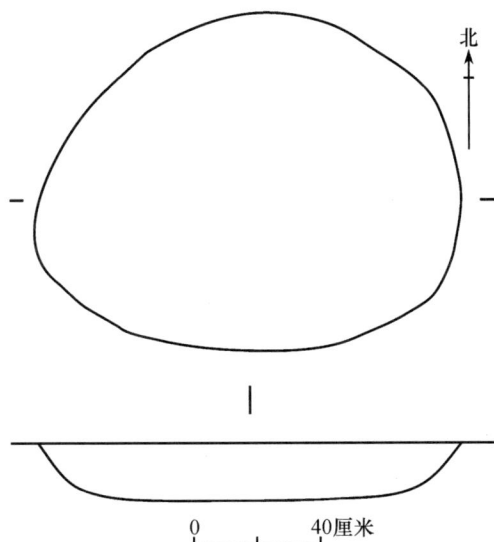

图一二四　H94平、剖面图

70. H95

（1）基本形制

位于ⅡT0209，开口于3层下，距地表深0.32米，打破第4层和生土。不规则椭圆形，敞口，斜壁，圜底，底部不平整。长2.65米，宽1.15~1.7米，深1~1.4米。坑内堆积灰褐土、红烧土、炭渣等，包含有泥质红陶片、夹云母红陶片、夹云母褐陶片等（图一二五）。

（2）出土器物

① 陶器

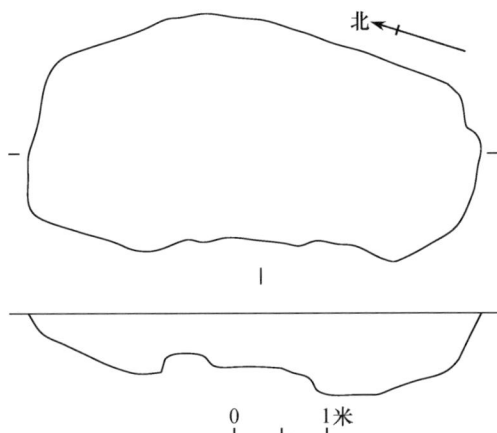

图一二五　H95平、剖面图

H95：1，灰陶钵，夹砂灰褐陶，直口，圆唇，斜腹，平底。外壁口沿下有一横向刻划纹。腹部至底部刻划纹12组，每组3道。口径16.7厘米，底径6.6厘米，高15.2厘米（图一一三，4；见图版五，5）。

H95：2，盆，B型，泥质红陶，卷沿，尖唇，腹微鼓。残高6.2厘米（图一一三，6）。

H95：3，釜，A型Ⅱ式，夹细砂夹云母灰褐陶，宽折沿，尖圆唇。残高5.6厘米（图一一三，8）。

② 石器

H95：4，石器，不规则形，磨制。长12.4厘米，宽4.1厘米（图一一三，10）。

71. H100

位于ⅡT0113，开口于3层下，距地表深0.48米，打破第4、5层和生土。在探方内开口呈扇形，敞口，斜壁，近平底。长1.2米，宽0.5米，深1.3米。坑内堆积灰褐土、红烧土、炭渣等，包含有泥质红陶片等（图一二六）。

72. H101

位于ⅡT0113，开口于3层下，距地表深0.48米，被H99打破，打破第4、5层和生土。不规则圆形，敞口，斜壁，圜底。长1.32米，宽1.2米，深0.39米。坑内堆积灰褐土、红烧土、炭渣等，包含有泥质红陶片等（图一二七）。

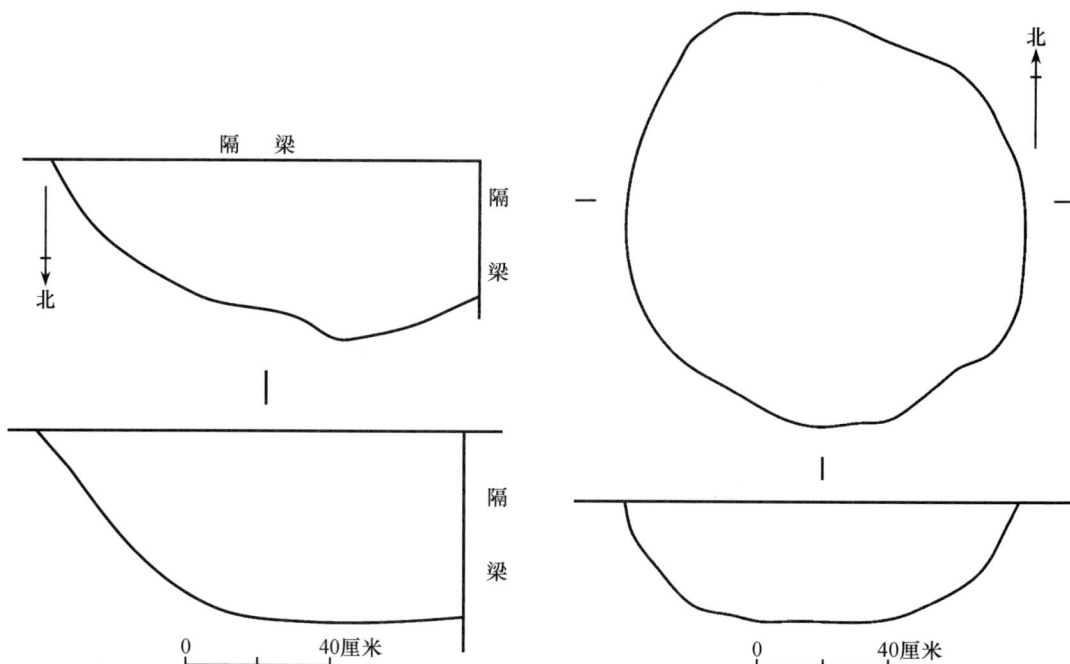

图一二六　H100平、剖面图

图一二七　H101平、剖面图

73. H102

位于T0112，开口于4层下，距地表深0.92米，打破第5层和生土。位于探方中部，不规则椭圆形，敞口，斜壁，圜底。长1.9米，宽1.02米，深0.11米。坑内堆积灰褐土、红烧土、炭渣等，包含有泥质红陶片等（图一二八）。

74. H103

位于T0112，开口位于4层下，距地表深0.92米，打破第5层和生土。部分位于隔梁中，探方内的部分开口呈半椭圆形，敞口，斜壁，圜底。长1.82米，宽1.6米，深0.56米。坑内堆积灰褐土、红烧土、炭渣等，包含有少量泥质红陶片及夹云母红陶片（图一二八，2；图一二九）。

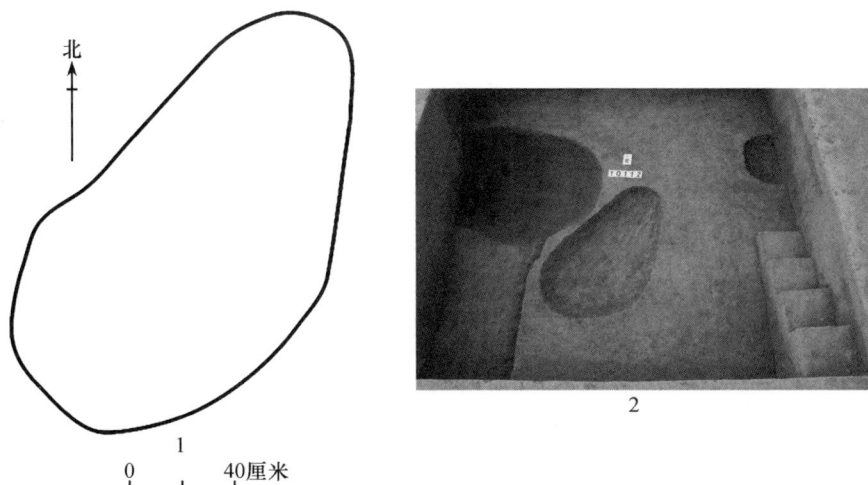

图一二八　H102、H103
1.H102平面图　2.H102、H103发掘现场

75. H104

位于T0115，开口于4层下，距地表深1.27米，打破第5层。圆形，敞口，斜壁，圜底。长0.8米，宽0.78米，深0.15米。坑内堆积灰褐土、红烧土、炭渣等，没有包含物（图一三〇）。

76. H106

（1）基本形制

位于T0412，开口于第4层下，打破第5层和生土。不规则椭圆形，坑壁斜直，底较平。长1.57米，宽0.87米，深0.52米。坑内填土为灰褐色花土，包含有红烧土块、草木灰及炭渣，遗物较少，仅少量红陶片（图

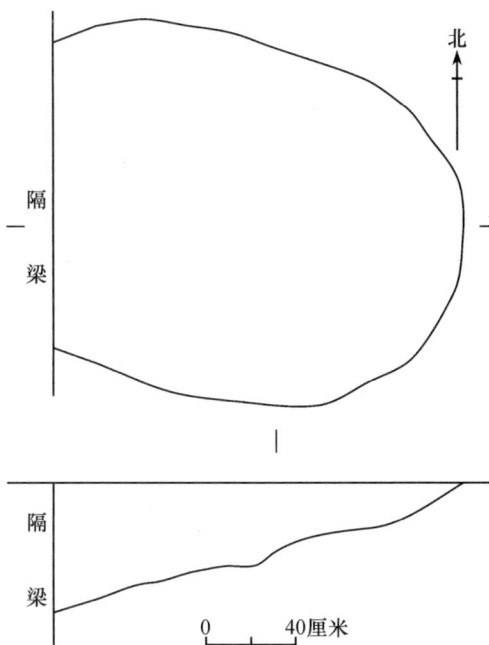

图一二九　H103平、剖面图

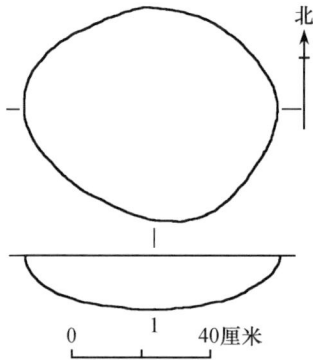

图一三〇　H104
1. 平、剖面图　2. 发掘现场

一三一；图版九，4）。

（2）出土石器

H106：1，石杵头，磨制，杵头呈半球体，杵身呈圆柱状，但残断。残长7.9厘米，直径5.6厘米（图一三二）。

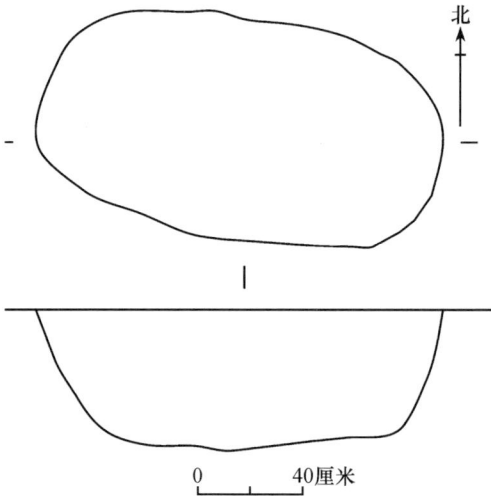

图一三一　H106平、剖面图

图一三二　石杵头（H106：1）

77. H107

位于ⅡT0111，开口于3层下，距地表深1.37米，打破第4、5层和生土。在探方内开口呈不规则半圆形，敞口，直壁，平底。长1.58米，宽0.76米，深0.54米。坑内堆积灰褐土、红烧土、炭渣等，包含有泥质红陶片、夹云母红陶片、夹云母褐陶片等（图一三三）。

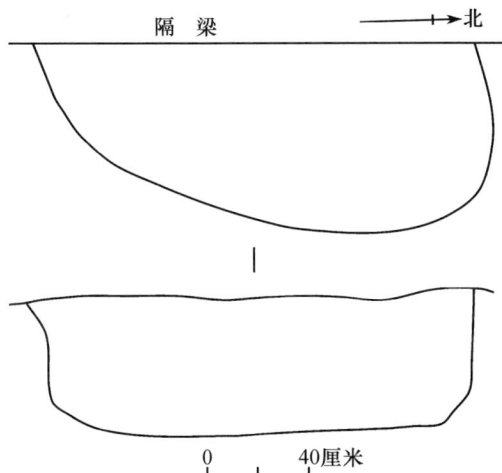

图一三三　H107平、剖面图

三、灰　　沟

1. G5

位于ⅡT0113和ⅡT0114，开口于第3层下，打破第4、5层。形状不规则，弯曲且宽窄不一，沟长约4米，宽0.8~2.3米，深1米。沟内填土灰褐色，土质松软。出土泥质红褐子陶、夹云母灰陶片（图一三四）。

2. G6

位于T0411，开口于第4层下，打破第5层和生土。长条形，略微弯曲，不很规则。长2.4米、宽0.8米，深0.18米。沟内填土为红褐色土，较致密，含炭渣和钙化固体颗粒。未见陶片等遗物（图一三五）。

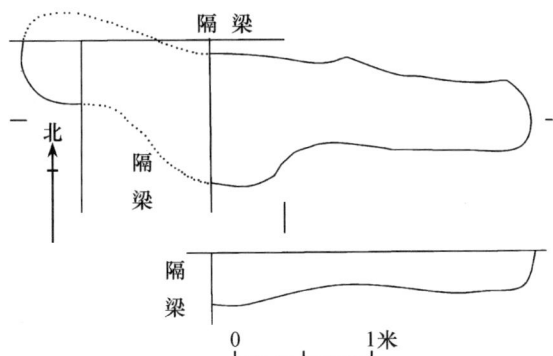

图一三四　G5平、剖面图

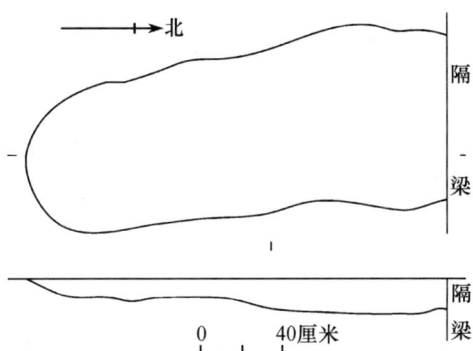

图一三五　G6平、剖面图

第四章　辽金元明时期遗存

第一节　遗　迹

共发现辽金元明时期灰坑4座、灰沟4条、水井3座和墓葬1座。

一、灰　坑

共发现灰坑4座，均开口于第2层下，含有小瓷片等。

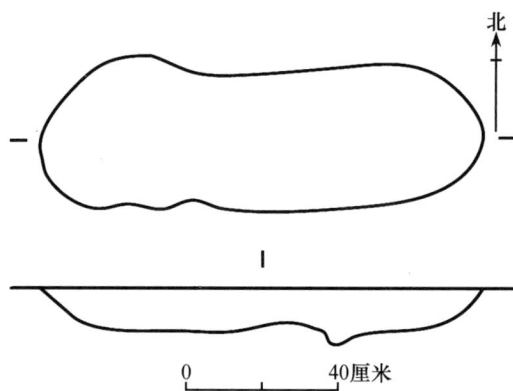

图一三六　H96平、剖面图

1. H96

位于T0411，开口于2层下，距地表深0.6米，打破第3层。不规则椭圆形，敞口，斜壁，近平底。长1.2米，宽0.4米，深0.13米。坑内堆积灰褐土、红烧土、炭渣等，包含有泥质红陶片、泥质灰陶片、夹云母红陶片等（图一三六）。

2. H97

位于T0411，开口位于2层下，距地表深0.6米，打破第3层。不规则椭圆形，敞口，斜壁，圜底。长0.75米，宽0.35米，深0.23米。坑内堆积灰褐土、红烧土、炭渣等，包含少量青花瓷片（图一三七）。

3. H98

位于T0111，开口位于2层下，距地表深0.42米，打破第3、4、5层。在探方内开口呈半椭圆形，敞口，底部西高东低。长1.6米，宽0.46米，深0.67米。坑内堆积灰褐土、红烧土、炭渣等，包含有泥质红陶片、灰陶片、瓷片等（图一三八）。

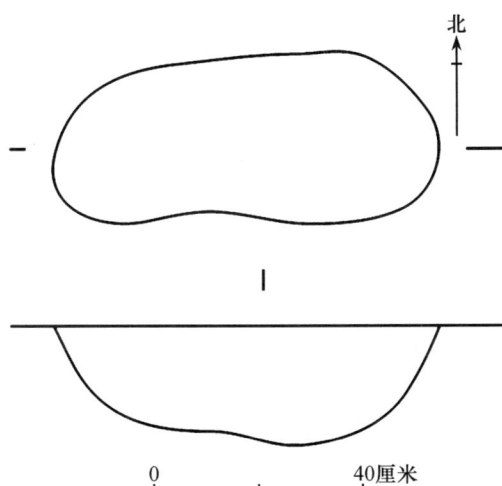

图一三七 H97平、剖面图

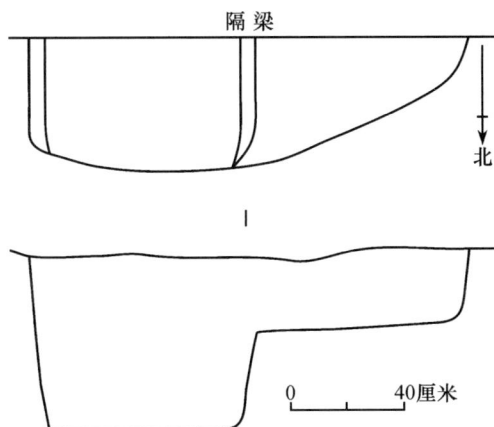

图一三八 H98平、剖面图

4. H99

位于ⅡT0113，开口位于2层下，距地表深0.2米，打破第3层和H101。不规则形，敞口，直壁，平底。长0.24米，宽0.14米，深0.5米。坑内堆积灰褐土、红烧土、炭渣等，包含有少量夹砂褐陶片（图一三九）。

二、灰　沟

共发现灰沟4条，填土为五花土，含较大的青砖碴和小瓷片，从地层及地包含物判断，应为元明以后时期遗迹。

1. G1

位于T0213，开口于第2层下，打破第3、4层。坑壁较直，坑底弧形。宽0.25～0.35米，在探方内长2.15米，深0.4厘米（图一四〇）。

2. G2

位于T0315～T0318，开口于第2层下，打破第3、4层。坑壁较直，坑底平，但每隔段出现一段较深的坑。沟宽0.6米，深0.5米。沟内填土为五花土，土质疏松，包含物主要有青花瓷片等，器形可辨者有杯、碗等。在发掘区内长跨4个探方，东头延伸至发掘区外（图一四一）。

3. G3

位于T0315～T0318，开口于第2层下，打破第3、4层。坑壁较直，坑底平。东部和北部都伸出探方以外。宽0.5米，深0.75米（图一四二）。

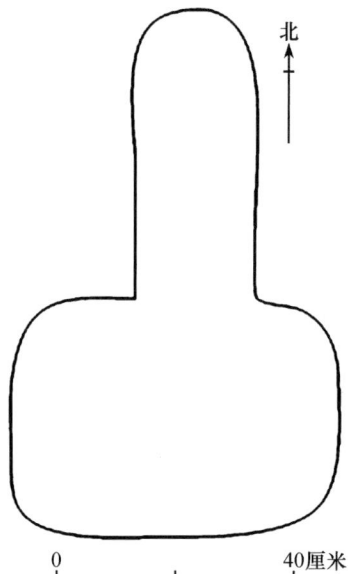

图一三九　H99平、剖面图

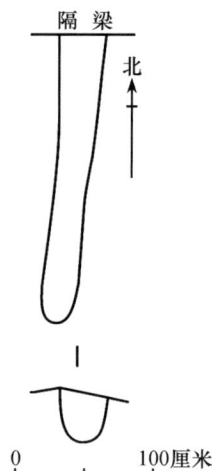

图一四〇　G1平、剖面图

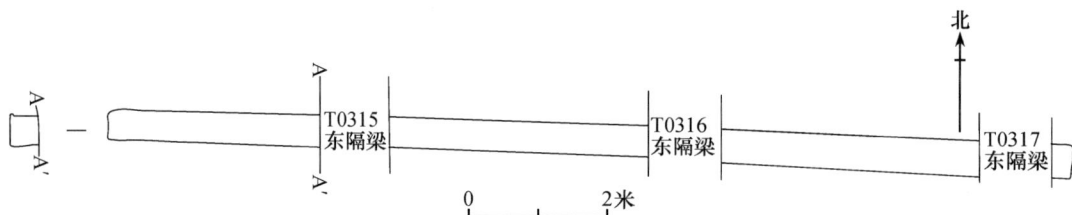

图一四一　G2平、剖面图

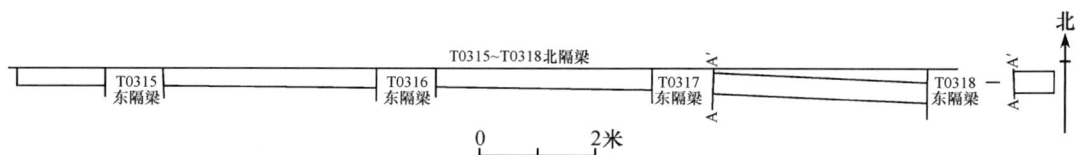

图一四二　G3平、剖面图

4. G4

（1）基本形制

位于ⅡT0109和ⅡT0209，开口于2层下，距地表深0.15米，打破第3、4层、F2和

H77。在探方内开口呈长条形，敞口，直壁，平底。长3.9米，宽0.45米，深0.5米。坑内堆积灰褐土，包含有泥质红陶片、夹云母灰陶片等（图一四三）。

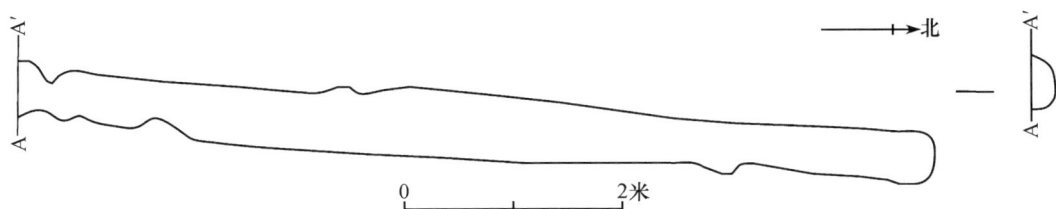

图一四三　G4平、剖面图

（2）出土石器

G4：1，磨棒，磨制，长条形柱状，横截面呈半圆形。长6.7厘米，宽5.5厘米，厚1.5厘米。

三、水　井

共发现井3口（编号J1～J3），其中2口（J1、J3）开口于第1层下，1口（J2）开口于第2层下。均圆形直壁深井，井口平面呈圆形。井内填土为灰色混合土，土质疏松，包含较多的青砖渣、料姜石和炭渣，包含较丰富的青、白、青花等多种瓷片，也出土少量红陶片。据地层和包含物分析，3口井应均属元明以后时期遗迹。

1. J1

位于T0108、T0109、ⅡT0108和ⅡT0109，开口于第1层下，开口距地表0.2米，打破第2、3、4层。平面呈圆形，井壁直，深4.15米，填土为五花土，土质较疏松，包含金、元、明代瓷片（图一四四）。

2. J2

位于T0317，开口于第2层下，被G3打破，打破第3、4、5层。平面呈圆形，壁直。井内填土上部为含料姜石的砂粒土，包含较多青花等瓷片，下层为灰色混合土，含草木灰、炭渣、红陶片及青砖碎块。该井未发掘到底，据探测深度为3.5米左右（图一四五）。

3. J3

位于ⅡT0207，开口于1层下，距地表深0.15米，打破第2、3层和F12。圆形，敞口，直壁近平底。长0.93米，宽0.93米，深3.04米。坑内堆积五花土、碎砖块等，包含有泥质红陶片、青花瓷片等（图一四六）。

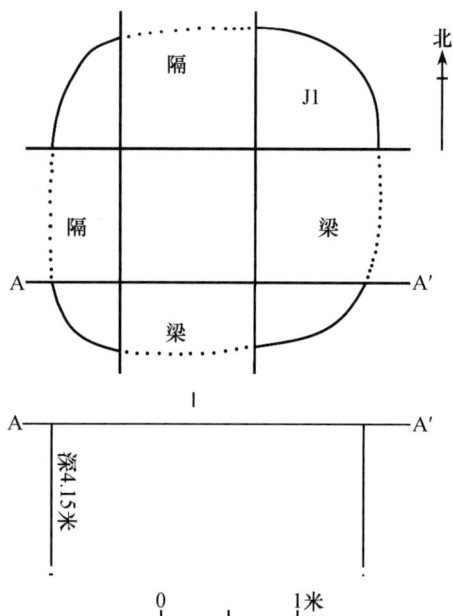

图一四四　J1平、剖面图

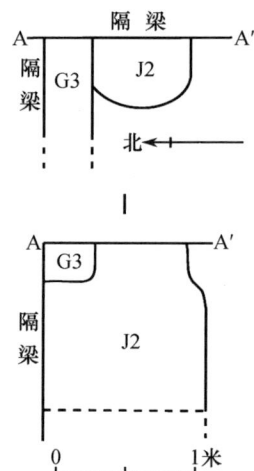

图一四五　J2平、剖面图

四、墓　葬

　　1座（编号M1），位于T0218，开口于第2层下，打破第3、4、5层。墓葬平面呈圆形，土坑竖穴，墓壁直，墓底平。墓直径3.1米，现深1.25米。墓内填土为灰褐色五花土，土质疏松，包含有大量青砖及其碎块，显然已被盗掘一空，推测原应为砖室墓，现墓葬已完全被破坏，墓内未见到任何遗物，仅存3根手指骨（图一四七；图版八，4）。

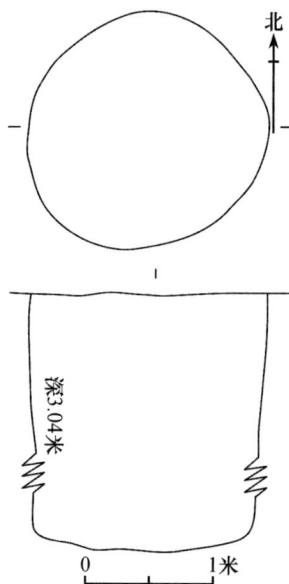

图一四六　J3平、剖面图

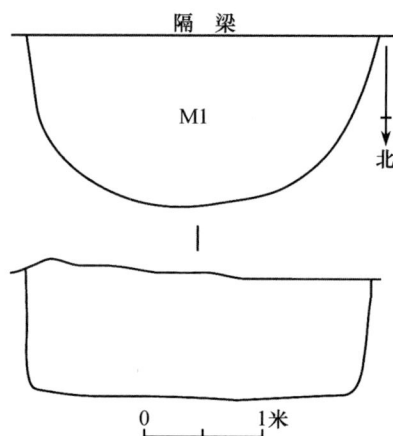

图一四七　M1平、剖面图

第二节 遗 物

一、陶 器

砖 1件。ⅡT0113②：4，青灰色，有雕刻花纹。最长4.4厘米，最宽2.3厘米，厚约0.8厘米。

二、青 铜 器

青铜剑形器 1件。T0114②：2，形似剑，但极小，可能是模型，非实用器。尖及铤部残。据地层，属于元明时期遗物。残长7.5厘米，最宽处1.2厘米，最厚处0.4厘米（图八三，3；图版四，8）。

三、玉 器

玉簪 1件。ⅡT0115②：3，系乳白色羊脂玉经抛光加工而成，晶莹剔透，一端残断，另一端略尖，玉质含褐色斑纹。残长4厘米，直径0.3厘米。似属明清时期遗物（图版四，9）。

四、釉陶与瓷器

金、元、明文化层出土大量瓷片和少量釉陶片。瓷片主要有青、白、黑、酱黄、青花和彩瓷，可辨器型主要有碗、杯和罐等。

T0107②：1，青花瓷碗底圈足。足底无釉，青花色泽乌黑。饰花纹。最长4.7厘米，最宽4.1厘米。元时期（图版一〇，1、2）。

T0107②：2，青花瓷碗底圈足。釉色灰暗，胎较厚。饰圆圈纹。底径6厘米，最长7.2厘米，最宽3.4厘米。明清时期（图版一〇，3、4）。

T0107②：3，青瓷器壁残件。釉色较正。外壁素面，器里有青花。最长3.4厘米，最宽2.2厘米。明清时期（图版一〇，5）。

T0111②：2，白瓷残件。器表无釉，器里施釉。饰印花纹。最长2.3厘米，最宽1.7厘米。元时期（图版一〇，6）。

T0111②：3，瓷碗圈足。黑釉，灰胎，底部无釉。素面。有使用垫圈的痕迹。底径6厘米，最长5.2厘米，最宽4.1厘米。辽金时期（图版一〇，7）。

T0111②：4，白瓷器壁残件。色泽较白。素面。最长3.6厘米，最宽2.4厘米。明清时期（图版一〇，8）。

T0111②：5，青花瓷罐口沿。青花颜色发黑。饰太阳纹。最长4.3厘米，最宽3.2厘米。元时期（图版一一，1）。

T0111②：6，白瓷碗器底。胎质细腻，釉较薄，色泽纯正。素面。最长4.7厘米，最宽2.8厘米。明清时期（图版一一，2）。

T0111②：7，青瓷口沿。釉有开片，色泽发褐。素面。最长3厘米，最宽2.4厘米。明清时期（图版一一，3）。

T0111②：8，瓷碗器壁。褐釉窑变。素面。最长3.4厘米，最宽1.8厘米。明清时期（图版一一，4）。

T0111②：9，青花瓷茶碗口沿。器形较小，色泽泛黑。饰三道弦纹。最长4.5厘米，最宽3.1厘米。明清时期（图版一一，5、6）。

T0111②：10，瓷碗口沿。外施酱釉，内施白釉，直到口沿。釉有裂纹。素面。最长3.6厘米，最宽3.1厘米。辽金时期。

T0111②：11，瓷碗器壁。黑釉，色泽光亮。饰蓖点纹，纹饰精美。最长4.1厘米，最宽3.8厘米。明清时期（图版一一，7、8）。

T0111②：12，瓷碗底。胎较厚，黑釉，器里底部无釉。素面。最长5.1厘米，最宽5.3厘米。明清时期（图版一二，1、2）。

T0112②：4，青花瓷碗底。青花颜色发灰，饰圆圈纹。最长5.3厘米，最宽3.2厘米。明清时期（图版一二，3、4）。

T0112②：6，灰白瓷残件。素面。明清时期（图版一二，5）。

T0112②：7，青花瓷碗底。胎釉都较薄，青花色有黑斑和散晕。底径5厘米，最长5.1厘米，最宽3.6厘米。明清时期（图版一二，6、7）。

T0112②：10，残件，器形不可辨。挂酱釉陶。最长5.3厘米，最宽4.4厘米，最厚1厘米。辽金时期（图版一二，8）。

T0113②：1，青花瓷碗底。青花颜色灰暗。底径5.4厘米，最长5.7厘米，最宽3.8厘米。明清时期（图版一三，1、2）。

T0113②：2，斗彩瓷碗口沿。釉上为红色。饰波线纹。最长1.7厘米，最宽1.1厘米。明清时期（图版一三，3）。

T0113②：3，残件。釉蓝色较厚，约1毫米。素面。最长3.5厘米，最宽2.8厘米。明清时期（图版一三，4）。

T0113②：7，青花瓷碗器壁。青花颜色较为纯正。最长5.5厘米，最宽3.2厘米。明清时期（图版一三，5）。

T0113②：8，白瓷碗器壁。胎较厚，釉有裂纹。饰刻花纹。最长4.2厘米，最宽2.8厘米。明清时期（图版一三，6）。

T0113②：9，瓷碗口沿。器形较小。黄釉胎釉均比较薄，外黄里白。素面。最长2.1厘米，最宽1.5厘米。明清时期（图版一三，7）。

T0113②：11，器壁残件。蓝釉较厚，胎为白色，外蓝里白。素面。最长1.7厘米，最宽1.6厘米。明清时期（图版一三，8）。

T0114②：1，碗底。灰白瓷，底部无釉，泪痕明显。素面。有圈足和垫圈。最长4.4厘米，最宽2.3厘米。辽金时期（图版一四，1、2）。

T0114②：3，器壁残件。黑釉里外施釉。素面。最长4.9厘米，最宽2.8厘米。明清时期（图版一四，3）。

T0114②：5，瓷碗口沿。黑釉，里外施釉，里黑外褐。有脱釉现象。素面。最长4.8厘米，最宽3.9厘米。辽金时期（图版一四，4）。

T0114②：6，碗底。酱釉，白胎，胎釉都较厚。素面。制作粗糙，有使用垫圈的痕迹。底径8厘米，最长6.2厘米，最宽4.9厘米。辽金时期（图版一四，5、6）。

T0114②：8，瓷碗底。酱釉，白胎，底部无釉。素面。最长5.7厘米，最宽4.3厘米。辽金时期（图版一四，7、8）。

T0114②：10，青瓷碗口沿。釉面有开片。素面。最长2.8厘米，最宽2.2厘米。辽金时期（图版一五，1）。

T0114②：11，青瓷碗口沿。釉面有开片。素面。最长3.4厘米，最宽2.5厘米。辽金时期（图版一五，2）。

T0114②：12，青瓷残件。釉色纯正，釉上开片多而清晰。素面。最长2.8厘米，最宽2.1厘米。明清时期（图版一五，3）。

T0114②：13，白瓷碗口沿。胎厚釉薄，釉上有裂纹。素面。最长5.7厘米，最宽4.4厘米。元时期（图版一五，4）。

T0114②：15，口沿残件。褐釉里外施釉，外褐里白。素面。最长5.3厘米，最宽1.8厘米。元时期（图版一五，5）。

T0114②：16，残件，器形不可辨。挂黑釉陶，印花纹。最长8.3厘米，最宽6.8厘米，最厚0.7厘米。辽金时期（图版一五，6）。

T0115②：15，青花瓷盘底。胎釉均匀而薄，质地细腻。色泽发亮。饰鱼纹。最长6.1厘米，最宽4.5厘米。明清时期（图版一五，7）。

T0214②：1，瓷器壁。器里施黑釉。饰刻划纹。最长2.8厘米，最宽1.9厘米。明清时期（图版一五，8）。

T0214②：2，青花瓷盘口沿。釉较厚，沿边为波形。最长2.6厘米，最宽2.3厘米。明清时期（图版一六，1）。

T0214②：5，瓷盘底。白胎，釉下彩，底部无釉。白底黑花，饰圆圈纹。最长5.8厘米，最宽3.2厘米。元时期（图版一六，2）。

T0214②：6，青花瓷碗底。胎白而细腻，色泽光亮。饰叶纹。最长3.4厘米，最宽1.8厘米。明清时期（图版一六，3）。

T0317②：2，青花瓷碗器壁。器形小，青花色彩暗淡。饰叶纹。最长3.1厘米，最宽2.4厘米。明清时期（图版一六，4）。

T0317②：3，青花瓷碗器壁。胎釉较厚，色彩晕而黑。饰花草纹。最长5.2厘米，最宽3.3厘米。明清时期（图版一六，5）。

T0411③：1，瓷碗口沿。釉下彩，胎灰白，较厚。白底黑花，饰圆圈纹。最长4.3厘米，最宽2.8厘米。元时期（图版一六，6）。

T0412②：1，瓷碗口沿。黑釉内外釉色一致，白胎。素面。最长4.2厘米，最宽3厘米。明清时期（图版一六，7）。

T0412②：2，白瓷碗底圈足。底部无釉。胎白而粗糙。素面。底径7.6厘米，最长6.1厘米，最宽4.1厘米。元时期（图版一六，8）。

T0412②：3，口沿。蓝釉较厚，约2毫米。素面。最长3.1厘米，最宽2.6厘米。明清时期（图版一七，1）。

T0412②：4，青白瓷碗底。底部无釉，胎较白。素面。最长4.2厘米，最宽3.2厘米。明清时期（图版一七，2）。

T0412③：1，灰白瓷碗口沿。釉比较薄，釉质不纯。素面。最长3.3厘米，最宽2.9厘米。元时期（图版一七，3）。

ⅡT0111②：1，瓷碗圈足。黑釉，白胎，胎厚釉薄，足底无釉，有釉变。素面。底径7厘米，最长7.4厘米，最宽4.2厘米。辽金时期（图版一七，4）。

ⅡT0111②：3，青花瓷碗底。青花颜色发黑，饰菊花纹。底径4.5厘米，最宽7.2厘米。明清时期（图版一七，5）。

ⅡT0111②：5，瓷碗壁。敞口。黑釉白胎，底部无釉。饰弦纹。最长5.3厘米，最宽4厘米。明清时期（图版一七，6）。

ⅡT0112②：1，瓷碗圈足。酱釉褐胎，底部无釉，有釉痕。素面，有使用垫圈的痕迹。最长5.3厘米，最宽4.5厘米。元时期（图版一七，7）。

ⅡT0112②：2，瓷碗底残件。酱釉胎厚，底部无釉。饰压印纹，制作粗糙。最长5.4厘米，最宽4.4厘米。元时期（图版一七，8）。

ⅡT0112②：3，瓷碗底残件。酱釉胎厚，底部无釉。素面，制作粗糙。最长5.2厘米，最宽4.7厘米。元时期（图版一八，1）。

ⅡT0112②：4，瓷碗口沿残件。褐釉，胎质细密。素面。最长5.5厘米，最宽3.1厘米。元时期（图版一八，2）。

ⅡT0112②：5，青花瓷碗底残件。花色灰暗。底部有支钉印痕。底径4厘米，最长6.3厘米，最宽6.2厘米。明清时期（图版一八，3）。

ⅡT0112②：6，白瓷碗底残件。胎厚而坚，圈足底部无釉。素面。底径7.5厘米，最长4.3厘米，最宽5.9厘米。元时期（图版一八，4）。

ⅡT0113②：1，瓷碗口沿。无釉，白胎。素面。最长5.9厘米，最宽4.1厘米。元时期（图版一八，5）。

ⅡT0113②：3，白瓷碗底圈足残件。底部无釉。素面。有使用垫圈的痕迹。底径7.2厘米，最长8.8厘米，最宽4.4厘米。元时期（图版一八，6）。

ⅡT0113②：4，画砖。灰青砖，器形较小，单面刻划，属于建筑装饰小件。其上雕刻花纹。厚约0.8厘米，最长4.4厘米，最宽2.3厘米。金元时期（图版一八，7）。

ⅡT0113②：6，青花瓷碗口沿。色泽灰暗，胎釉都较薄。饰花纹。最长4.2厘米，最宽3.1厘米。元时期（图版一八，8）。

ⅡT0113②：8，青花瓷碗底。胎质薄而白，色泽明亮，器形较小。饰叶纹。底径约3.8厘米，最长4.5厘米，最宽2.2厘米。明清时期（图版一九，1）。

ⅡT0113②：10，青花瓷碗底。胎厚釉薄。色泽暗黑。饰龙纹。最长4.4厘米，最宽3.2厘米。明清时期（图版一九，2）。

ⅡT0113②：11，灰白瓷碗口沿。釉面粗糙，色泽发暗。饰弦纹。最长5.2厘米，最宽7.1厘米。明清时期（图版一九，3）。

ⅡT0113②：13，瓷杯。黄褐釉变，素面。最长2.4厘米，最宽1.4厘米。明清时期（图版一九，4）。

ⅡT0114②：1，白瓷碗底圈足。器形较小，釉较薄。素面。底径2.6厘米，最长4.2厘米，最宽2.2厘米。明清时期（图版一九，5）。

ⅡT0114②：2，彩瓷碗底。釉上描彩，白釉较为纯净，胎纯白细密。器形较小。饰花纹。最长4.6厘米，最宽3.8厘米。明清时期（图版一九，6）。

ⅡT0114②：3，青瓷碗口沿。釉色暗褐，上有黑斑和泪痕。做工较粗糙，素面。最长3.2厘米，最宽2.8厘米。金元时期（图版一九，7）。

ⅡT0114②：4，陶缸残件。挂黑釉，陶胎加砂，并且较厚。饰有弦纹，做工粗糙。最长5.9厘米，最宽5.7厘米，最厚1.5厘米。辽金时期（图版一九，8）。

ⅡT0114②：7，青花瓷罐，器壁带口沿。胎釉都较薄，口沿镶褐彩，色泽灰暗。饰花纹。最长5.1厘米，最宽3.5厘米。明清时期（图版二〇，1）。

ⅡT0114②：14，青花瓷碗壁。器形较小。上有文字。另有编号为ⅡT0115②：7的一件，这两件应属于同一件器物。最长2.8厘米，最宽1.9厘米。金元时期（图版二〇，2）。

ⅡT0114②：15，瓷碗器壁。釉痕突出。白底黑花，制作较粗糙。饰花纹。最长3.4厘米，最宽3.1厘米。元时期（图版二〇，3）。

ⅡT0115②：1，青瓷碗，器壁带口沿。白胎，釉较厚，里外施釉，色泽不一，较为纯正。饰弦纹。最长3.8厘米，最宽3.1厘米。明清时期（图版二〇，4）。

ⅡT0115②：2，彩瓷碗口沿。黄绿釉。素面。最长1.5厘米，最宽1厘米。明清时期（图版二〇，5）。

ⅡT0115②：4，瓷碗器壁。黄褐釉。剔花花纹。最长2.7厘米，最宽2.6厘米。明清时期（图版二〇，6）。

ⅡT0115②：6，残件。器型不可辨。酱釉陶。饰弦纹。最长4.1厘米，最宽3.0厘米，厚1.3厘米。辽金时期（图版二〇，7）。

ⅡT0115②：16，青花瓷碗器底。色泽灰暗。饰画纹。底径7.4厘米，最长6.5厘米，最宽3.7厘米。明清时期（图版二〇，8）。

第五章 结 语

一、北城村新石器时代遗存特征

北城村遗址虽然增补了一定的发掘面积，但并没有对整个遗址进行全面发掘。根据已发掘部分情况，大致包括两个时期的文化遗存。一是金元以后时期的文化遗存，遗迹主要有4座灰坑，4条灰沟，3口水井和1座疑似元代墓葬；遗物主要为各种类型的瓷片，以及1件玉簪，1件青铜剑形器和少量砖块。

二是新石器时代文化遗存。新石器时代遗存是本次发掘最为主要的收获，发现了丰富的遗迹及大量遗物。通过对北城村遗址新石器时代遗迹、遗物的分析，可以将其文化特征总结如下。

1. 遗迹

房子均为半地穴式。平面形状以长方形占大多数，在发现的15座房子中，除2座（F9、F14）因延伸出探方外未发掘完外，其余13座中，只有3座（F6、F7和F11）平面形状呈不规则形，其余10座均为长方形或正方形，占平面形制的大多数。门道有三种形制，即斜坡式、阶梯式和竖穴式，其中阶梯式门道数量较少，只有F2，竖穴式有F3和F13，其余均为斜坡式，占门道形制中的大多数。门道的方向不一致，朝南6座（F3、F7、F8、F10、F13、F14），朝西5座（F1、F2、F4、F5、F15），朝东2座（F6、F9），朝东北2座。

灰坑坑口平面多为圆形或椭圆形，少量形状不规则。坑壁分直壁、斜壁或弧壁两类。坑底多为圜底，少量平底。

灰沟发现有2条，均未完全发掘，形制均不甚规整，难以推测最初用途。

2. 遗物

遗物中以陶器和石器为大多数，未见骨角蚌器。

（1）石器

多数仅为极少加工的石块，可辨器类以斧、磨石、磨盘、磨棒为多，也有杵、锥、镰、石叶、石球、砍砸器等。多磨制，部分石器经过磨光加工，器形规整，少量则仅经简单加工。

（2）陶器

从陶质陶色来看，北城村遗址陶器质地以泥质陶为主，约占61%；夹云母陶次之，约占38%；夹砂陶仅占不到1%。夹云母陶是本遗址的特色之一，一般是炊煮器，器胎中均匀地羼和大量白色的云母片。陶色基本上分为三类，总体上以红陶为主，约占46%，灰陶和褐陶各占27%。

纹饰方面，除部分器盖上饰有指甲纹或楔点纹外，均为素面陶，不见彩陶。与此同时，红顶钵、红顶盆占相当大的比重。

陶器组合方面，钵（红顶钵、红陶钵为主）、釜、盆是最为常见的器型，小口双耳壶、器盖等也有一定数量，有少量的鼎足、支座等，但未见鼎口沿残片。

二、北城村新石器时代遗存的文化性质

从以上考古学文化特征来看，周边地区与北城村遗址陶器组合和特征最为接近的为正定南杨庄第一期遗存及北福地第二期遗存。如北福地第二期遗存中，陶质陶色以夹砂红褐陶为主，其次为泥质红陶和灰陶；器表纹饰以素面为主，只有少量刮抹线纹和指甲纹等；主要器型是釜与钵，其次有支座、盆、壶、器盖等。釜与支座是主要的炊器，钵、盆类属于盛储器[1]。这些特征均与北城村遗址非常一致。南杨庄第一期遗存中，陶质陶色方面，泥质陶约占74.3%，夹砂陶约占25.5%，夹砂陶的羼和料多为细砂，也有少量夹云母者；纹饰以素面占绝大多数，也有少量饰旋纹和指甲纹者；陶器组合为釜、支座、灶、瓶、小口壶、钵等[2]，这些特征也都与本遗址的情况吻合。

有关这一特征的考古学文化，最初被称为"下潘汪类型"[3]，后被称为"镇江营一期类型"[4]，后亦有学者称其为"镇江营文化"[5]，北福地遗址发现后，这类遗存最初被称为"北福地甲类遗存"，1992年段宏振先生将其命名为"北福地文化"[6]，他认为这一类遗存有自身的特点，以夹砂红褐陶釜、陶支座和红顶钵为特征，早于后冈一

① 河北省文物研究所：《北福地——易水流域史前遗址》，文物出版社，2007年，第246页。
② 河北省文物研究所：《正定南杨庄——新石器时代遗址发掘报告》，科学出版社，2003年，第107、108页。
③ 丁清贤：《磁山、下潘汪、大司空——从下潘汪遗址仰韶文化的第二类型的性质谈起》，《史前研究》1983年1期。
④ 北京市文物研究所：《北京市拒马河流域考古调查》，《考古》1989年第3期。
⑤ 于孝东：《镇江营遗址一、二期遗存的分期及相关问题讨论》，《边疆考古研究》（第5辑），科学出版社，2007年；于孝东：《试论镇江营文化》，《文物春秋》2007年第4期。
⑥ 段宏振：《太行山东麓地区新石器时代早期文化的新认识》，《文物春秋》1992年第3期。

期文化，有一群独特而鲜明的器物群，有一定的分布地域，在时代上有一定的存在期限，因而构成了一支考古学文化。在《北福地——易水流域史前遗址》一书中，又根据更为明确的地层关系，将其更名为"北福地二期文化"，并对其特征作了更为详细的总结，指出其主要陶器器群为釜与钵，其次有支座、盆、壶、器盖等。质地包括夹砂和泥质两种，颜色以红褐色为主，其次有灰色。表面缺乏装饰性纹饰，以素面为主，只用少量简单的指甲纹、线纹等。泥质钵、盆类器物常见红色口沿、灰色或灰褐色腹部的所谓"红顶式"器[①]。从这些特征的描述来看，北城村遗址所见器物群几乎与此特征完全一致，因此，可基本认定北城村新石器时代遗址应属于"北福地二期文化"。

北城村遗址是继正定南杨庄和易县北福地之后又一处发掘面积较大的北福地二期文化遗址，其多釜、多红顶钵、几乎没有鼎、没有彩陶的特征进一步确认其是一支与后冈一期文化不同的文化。

段宏振先生通过对周边地区同类遗存的分析，将北福地文化分为三组[②]：

第一组以夹砂夹云母的红褐陶为主，器表以素面为大宗，釜占总陶器数的三分之二左右，是其最突出的特征；第二组中泥质陶的比例有所上升，除素面外开始有细线刮抹痕、指甲纹，釜的腹部开始变浅，红顶钵口部趋直，腹部趋深，新出现敛口平唇长颈瓶，小口双耳壶由溜肩变为圆肩，双耳由腹部上移至肩部；第三组纹饰更加丰富，红顶钵成为主要器型，釜则少见，红顶钵变为敛口，钵和釜均变为平底。

通过对比可以看出，北城村遗址中，泥质陶比例已经较高，夹云母陶也占相当比例，夹砂陶较少。纹饰中，素面占绝大多数，未见旋纹、剔刻纹等；陶釜与红顶钵比例相当，红顶钵以敞口和直口者居多，几乎不见敛口者。以上特征基本和北福地二期文化第二组时代相当。

虽然北城村遗址本身有少量的叠压打破关系，但由于这些单位中所出器物较少，根据遗址自身的叠压打破关系难以进行型式划分，故此本报告的型式划分主要根据周边其他遗址的同类器进行划分。但通过与北福地二期文化其他遗址的比较，可以看出，总体而言，北城村遗址的遗存还是主要集中于北福地二期文化第二组这样一个相对比较集中的时段。

三、北城村新石器时代遗存在北福地二期文化中的地位

北城村新石器时代遗存与其他北福地二期文化遗存相比，亦有自己的特点。

从遗迹特征而言，以往发现的房址的总体数量较少，时代比较明确的，仅有北福

---

① 河北省文物研究所：《北福地——易水流域史前遗址》，文物出版社，2007年。
② 河北省文物研究所：《北福地——易水流域史前遗址》，文物出版社，2007年，第258、259页。

地遗址发现2座，南杨庄遗址发现1座，均为长方形或圆形斜坡式门道。此次北城村遗址共发现了15座房址，除以往发现的长方形和圆形房址外，还发现了一定数量平面呈不规则形的房址。此外，在门道形制上，除了以往发现的斜坡门道外，此次还发现了1座阶梯式门道和2座竖穴式门道，这些都丰富了我们对北福地二期文化遗迹形制的认识。

在陶器特征方面，有如下几点特别之处。

首先，在陶质方面，北城村遗址夹云母陶数量明显高于其他各遗址。北城村遗址中，除泥质陶数量较多，占到61%以外，其余几乎均为夹云母陶，约占38%，单纯的夹砂陶仅占不到1%。而同文化一些有比较明确统计数字的遗址中，北福地二期遗存给出统计数据的3个灰坑中，泥质、夹砂、夹云母陶的比例分别为，F4：22.3%、64.4%、12.3%，F17：26.9%、57%、16.1%，H89：23.9%、67.3%、8.8%[①]。夹云母陶的比例都不到20%，且夹砂陶明显多于夹云母陶。由此可见，北城村遗址中不仅泥质陶的比例更高，夹云母陶的比例也明显高于其他遗址，应为本遗址的特点之一。从长时段来看，夹云母陶比例高，是本地区年代较早的遗址的特点之一，根据北福地一期遗存的统计数据，此阶段夹云母陶的比例几乎能占到98%～100%[②]，可见北城村遗址虽然泥质陶比例有所增加，但较少使用夹砂陶，较多使用夹云母陶的特点却一直保留了下来。

其次，支座是北福地二期文化中较有特点的一类器物，常与釜配合使用。北福地遗址、南杨庄遗址常见的支座，整体呈圆柱形，顶部圆形，平顶或斜顶，中部空心或实心。但北城村遗址出土的较为完整的2件支座，均与此不同，1件整体呈梯形、实心，另1件顶部为圆形，但下部为倾斜椭圆形柱状，且中间有较大穿孔。此外，北城村遗址中还见有以红烧土代替支座的现象。从以上情况可以看出，北城村遗址在支座的使用上似有自己独特的传统。

再次，北城村遗址中可以明显分辨出两种不同类型的器盖，一种多夹砂陶，盖纽喇叭状，边缘不加厚，往往装饰有指甲纹和其他纹饰，边缘处往往加厚；另一种多夹云母陶，盖纽喇叭状加厚，往往无纹饰。但从同时期其他遗址的情况来看,北福地和南杨庄都只见第一类夹砂器盖，未见第二类夹云母器盖（南杨庄另有一类布满指甲纹的）。可见这类器盖应该是本遗址比较有特点的一类器物。由于遗址中夹云母陶主要器型只有釜这一类，因此怀疑这类器盖可能即为釜的盖子，但由于器盖残片均破碎，大多无法复原，因此也缺少有利的旁证。

此外，在其他北福地二期文化遗址，如易县北福地、正定南杨庄、磁县下潘汪等

---

① 河北省文物研究所：《北福地——易水流域史前遗址》，文物出版社，2007年，第246页。
② 河北省文物研究所：《北福地——易水流域史前遗址》，文物出版社，2007年，第289～292页。

遗址中都见有一种平底、直壁或微斜壁的小型陶器，《北福地》报告中称之为小杯①，
《正定南杨庄》报告中称之为小碗②，下潘汪报告中称之为盂或皿③，虽然数量都
不多，但在这几个材料发表比较丰富的遗址都有发现，但此类器物在北城村遗址中
却未见。

从以上分析可以看出，北城村遗址总体而言属于北福地二期文化，但也有一些自
身的特点。这些特点的形成，很可能与其地理位置有一定的关系。

根据段宏振先生的整理，目前发表的北福地二期文化的遗址共有房山镇江营、易
县北福地、涞水炭山、徐水文村、安新梁庄、正定南杨庄、任县卧龙冈、永年石北
口、磁县下潘汪、磁县界段营、午安西万年等，分布在北起拒马河，南到漳河流域，
太行山东麓南北狭长的山前地区④。而从地形图上即可看出，容城北城村是所有遗址中
位置最为偏东的一处，亦即距离太行山最远的一处（图一四八）。地理位置上与中心
区的偏离，可能导致其文化面貌上也有一定的差异。

四、北城村遗址的聚落性质

北城村遗址发掘的房址从平面形状、结构等方面看与同文化其他遗址比较类似，
但有如下一些地方值得引起我们的注意。

首先，在15座房址中，只有3座（F1、F2、F3）发现有灶的痕迹，其他12座都没有
发现，虽然堆积中发现有红烧土，但从分布上看，并不能判断为灶。从同文化其他遗
址情况来看，大多数房址都具有灶坑，没有的是少数。

其次，在15座房址中，还有5座甚至没有发现柱础和柱洞的痕迹（F2、F6、F9、
F14、F15），说明其上可能缺乏顶部遮挡结构。

再次，此次发掘不仅没有发现任何骨角器，而且未发现任何新石器时代的动物骨
骼⑤。而在同时期其他遗址中，动物骨骼以及骨角器都并不罕见，如正定南杨庄一期发
现有骨器91件、角器2件，包括有骨针、骨锥、鱼叉、鱼钩、角锥等多种器型⑥；任县

---

① 河北省文物研究所：《北福地——易水流域史前遗址》，文物出版社，2007年，第217页。
② 河北省文物研究所：《正定南杨庄——新石器时代遗址发掘报告》，科学出版社，2003年，第16页。
③ 河北省文物管理处：《磁县下潘汪遗址发掘报告》，《考古学报》1975年第1期。
④ 河北省文物研究所：《北福地——易水流域史前遗址》，文物出版社，2007年，第258页。
⑤ 与此情况类似的是北福地二期遗存，亦未发现骨器及动物骨骼，发掘者推测可能和保存条件有关，但下述各同时期遗址均发现有骨骼，似乎难以给予合理的解释。
⑥ 河北省文物研究所：《正定南杨庄——新石器时代遗址发掘报告》，科学出版社，2003年，第23~25页。

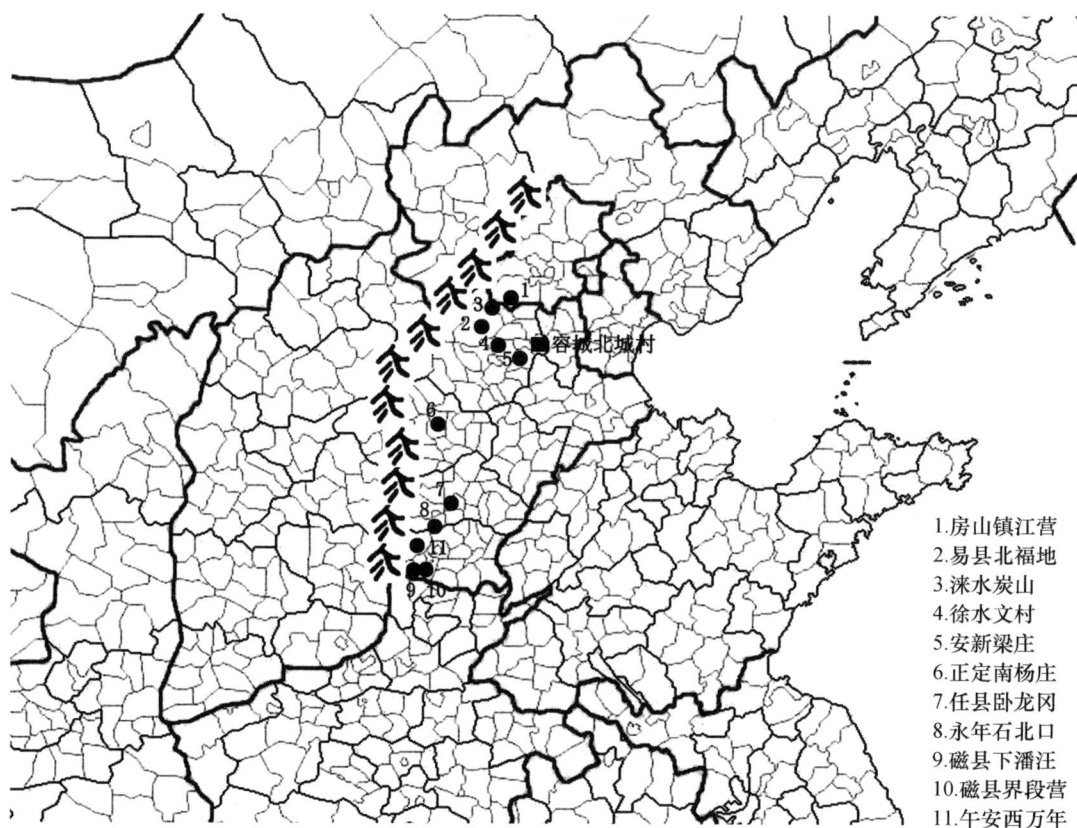

图一四八　北福地二期文化遗址分布图

卧龙冈遗址也发现有动物骨骼，包括马、牛、猪、鹿等种类，以及2件骨器[①]；磁县下潘汪第二类型中也发现有骨器9件[②]，磁县界段营遗址发现骨器5件[③]。由此可见，北城村遗址未发现任何动物骨骼以及骨器可能并非偶然。不仅如此，北城村遗址也未发现任何可能反映其他经济形态的器物，如北福地遗址发现有一定数量的石坠[④]，南杨庄遗址也有发现[⑤]，可能与渔业相关，但此类遗物也未见于北城村遗址。

　　综合以上几点可以看出，北城村遗址从房址结构、出土器物等几个方面都反映出与一般居住址不同的特征，可能暗示着其性质上的差异，或许该遗址并非当时人长期居住生活的地点。但是由于房址内部除支座、陶片和烧土外，并未发现其他明确地位于地面上的遗物，给判断房址功能带来了一定的困难，但无论如何，北城村遗址以上

① 河北省文物研究所、任县文保所：《任县卧龙冈遗址调查简报》，《文物春秋》1990年第4期。
② 河北省文物管理处：《磁县下潘汪遗址发掘报告》，《考古学报》1975年第1期。
③ 河北省文物管理处：《磁县界段营发掘简报》，《考古》1976年第6期。
④ 河北省文物研究所：《北福地——易水流域史前遗址》，文物出版社，2007年，第181页。
⑤ 河北省文物研究所：《正定南杨庄——新石器时代遗址发掘报告》，科学出版社，2003年，第21、22页。

几点是值得我们注意的，或许暗示着这处聚落并非普通的居住址。

五、北城村遗址的聚落布局

根据遗址的层位关系，新石器时代遗存主要位于第3层和第4层下，因此以下分别展开讨论。虽然开口于同一层位下的单位其实未必同时存在，但北城村遗址整体器型变化不大，难以划分期段，此内又分布在不同的两层下，很可能每层所代表的时间就比较接近，作为基本同时的遗存来处理应该有一定的合理性。

位于第3层下的房址有9座（F3~F6、F9、F10、F12、F13、F15），灰坑有28个（H1、H2、H7、H8、H30~H32、H35、H36、H38、H50、H56、H57、H67~H69、H71~H74、H76~H77、H84、H88、H89、H100、H101、H107）。从平面分布来看，明显可以看出灰坑围绕房址成组分布的特点。其中，H50、H56、H57、H100、H101和G5明显围绕F4、F5、F6分布，和其他同层遗迹有一定的距离，位于发掘区的东部。H2、H7、H8、H84和H107明显围绕F3和F15分布。H69、H71~H74、H76、H77、H88、H89明显围绕F12和F13分布，位于发掘区的南部，和其他遗迹有相当的距离。H30~H32、H35、H36、H38可能与F9、H10同组。只有极个别的灰坑如H67等远离房址，其余均紧密分布在房址周围，并形成较为密切的组群。

位于4层下的房址有6座（F1、F2、F7、F8、F11、F14），灰坑有50个（H3、H6、H9、H11、H13、H14、H16、H19、H20、H22、H24、H25、H39~H49、H54、H58~H66、H78~H80、H82、H85~H87、H90~H95、H102~H104、H106）。从平面分布来看，亦可非常明显的分为三组：H60~H66非常明显地集中在F1门道前方。H22、H80、H82、H85~H87、H90~H95应与F2和F11为一组。H3、H6、H9、H11、H13、H14、H16、H19、H20、H39、H41~H49、H54、H58、H59、H78、H79、H102、H103、H106和G6则明显地聚集在F7、F8和F14周围，且本组的3座房址门道均朝向南方。只有H40等极个别灰坑远离房址单独存在。

从以上分析可以看出，北城村遗址聚落在形成的时候是有一定的规划和设计的，房址有明显的分组现象，不同组的房址之间存在着比较明显的空白的区域界线。虽然我们现在还难以推测这种分组是出于家庭关系、工作分组还是不同功能区的划分，但是这种分组情况的存在应该是比较可靠的。

此外，从第3层下和第4层下的遗迹分布来看，3层下的单位明显是插空分布在4层下单位未分布的区域。我们对北城村遗址出现的所有打破关系进行了分析，可以发现，除晚期遗迹打破新石器时代遗迹外，只有五组打破关系，即F8→H20、H46→H47、H6→H9、H76→F12、H68→H80。不仅打破关系非常少，而且其中四组均为同层下打破，只有一组（H68→H80）是3层下单位打破4层下单位。由此可见3层下单位在建造和出现的时候，应该距离4层下的单位时间不长，一些房址等应该还能够看见，这些房址刻意避开了之前的各房址和灰坑，这不仅说明了遗址布局上的规划性，而且也从另外一个方面证明了北城村新石器时代遗址可能存在于一个相对比较集中的时间段，并没有延续很长时间。

六、北城村遗址发掘的意义

北城村遗址的发掘，为我们展现了又一处北福地二期文化的遗存，它一方面丰富了北福地二期文化的内涵，另一方面也展现出自己独特的文化特征，表现了独特的地域特色，为我们进一步深入了解北福地二期文化提供了丰富的材料。此外，其特殊的聚落结构及其与普通居住址之间的差异，虽然我们现在还无法提供令人信服的解释，但是相信随着今后材料的逐渐丰富，可以为我们了解北福地二期文化的经济生产生活模式提供更多的材料。

附表 房址、灰坑出土陶器器型式统计表

	釜			鼎足		小口双耳壶			盆			红顶钵		红陶钵	灰陶钵	盖纽		器盖		支座	器底	瓶口	罐	圈足
	A	B	C	A	B	A	B	不明	A	B	C	A	B			A	B	A	B					
F1		I 1										I 1	II 1			1	1	1		1			1	
F2	II 3		1								1	I1 II2	II 4					3		1			1	
F3												I 1	II 1											
F4	I1 II1	I 2												I 2										
F5									1											1				
F6	II 1			1								I 1	II 1	I 2										
F8																						1		
F9		I 3									2	II 1		I 2							2			
F10						1			1															
F11										1					1			1			1			
F12		II 1			1		1														1			
F13									1									1			2			
F14	II 1		2										I 1			2					2			
F15												II 1	II 1			1		1			2			
H2			1									II 1	II 1			1		1			2			
H3			1					1					II 4	II 1			1		1		1			
H6										1											2			1
H8							1			1			II 1					1			1			

续表

	釜			鼎足		小口双耳壶			盆			红顶钵		红陶钵	灰陶钵	盖纽		器盖		支座	器底	瓶口	罐	圈足
	A	B	C	A	B	A	B	不明	A	B	C	A	B			A	B	A	B					
H11																		1	1					
H13			1	1								I 1												
H20						1								I 1							1			
H35									1			I 1												
H40	II 1																	1						
H41																		1						
H42				1														1						
H43	I 2					2						I 3				2		2			1			
H44	I 1			1								I 1												
H46	I 1	II 1														1		1			1			
H48																1								
H49											1													
H56																					1			
H59																					1			
H69								1						II 1										
H73	II 1							1																
H76														I 1	1				1					
H82		II 1											II 1					2						
H89												I 1												
H95	II 1									1					1									

后　记

　　北城村遗址的发掘得到了河北省相关部门、内蒙古文物考古研究所的支持。河北省涿州市文物保管所与中央民族大学民族学与社会学学院博物馆学专业合作完成田野考古发掘工作。中央民族大学博物馆学专业承担发掘资料的整理及编著发掘报告。本报告的田野照片由肖小勇、史殿海拍摄，出土器物照片由肖小勇、刘剑波拍摄，器物图由马赛、郑欣荻、肖小勇绘制。报告由肖小勇、马赛、郑欣荻、朱萍、戴成萍整理编辑，由肖小勇执笔撰写。

　　谨向参与田野发掘和后期整理等各项工作和给予帮助的有关单位、工作人员和师生表示衷心感谢！

编　者

发掘现场全景

图版二

发掘现场鸟瞰

1. 石斧 （F4：7）

2. 石斧 （H46：9）

3. 石斧 （F8：5）

4. 石磨盘 （H76：1）

5. 石磨棒 （ⅡT0111④：1）

6. 石磨棒 （ⅡT0210②：2）

7. 石杵 （F2：17）

8. 石斧 （H46：5）

石器

1. 石镰（镞）（H24：1）

2. 砍砸器（F2：18）

3. 刮削器（左：H3：17，右：F4：9）

4. 鼎足（H43：7）

5. 鼎足（F15：7）

6. 鼎足（F8：2）

7. 鼎足（H13：3）

8. 青铜剑形器（T0114②：2）

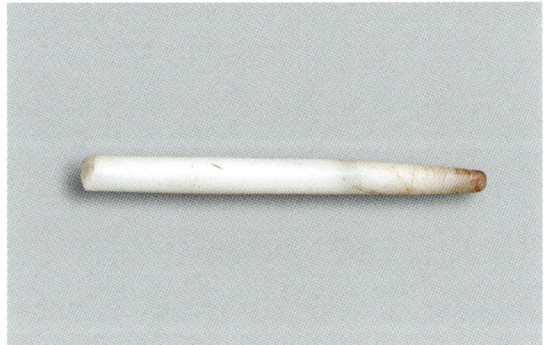

9. 玉簪（ⅡT0115②：3）

石器、陶器、青铜器、玉器

1. 小口双耳壶（H43：6）

2. 小口双耳壶（F10：2）

3. 瓶口（F8：1）

4. 红陶钵（F6：1）

5. 灰陶钵（H95：1）

6. 支座（F1：8）

7. 支座（F2：16）

8. 釜（H40：2）

陶器

1. 红顶钵（H43：10）

2. 红顶钵（F9：6）

3. 红顶钵（F15：2）

4. 红顶钵（F2：15）

5. 红顶钵（F2：1）

6. 红顶钵（H3：14）

7. 红顶钵（H43：11）

8. 器盖（H46：1）

陶器

1.F1发掘现场

2.F2发掘现场

3.F4发掘现场

4.F3发掘现场

房址

1. F5发掘现场

2. F6发掘现场

3. F7发掘现场

4. M1发掘现场

房址、墓葬

1. H22

2. H42

3. H49

4. H106

灰坑

1. T0107②：1外

2. T0107②：1内

3. T0107②：2外

4. T0107②：2内

5. T0107②：3

6. T0111②：2

7. T0111②：3

8. T0111②：4

1. T0111②：5

2. T0111②：6

3. T0111②：7

4. T0111②：8

5. T0111②：9外

6. T0111②：9内

7. T0111②：11外

8. T0111②：11内

瓷器

1. T0111②：12外

2. T0111②：12内

3. T0112②：4外

4. T0112②：4内

5. T0112②：6

6. T0112②：7外

7. T0112②：7内

8. T0112②：10

瓷器

1. T0113②：1外

2. T0113②：1内

3. T0113②：2

4. T0113②：3

5. T0113②：7

6. T0113②：8

7. T0113②：9

8. T0113②：11

瓷器

1. T0114②：1外

2. T0114②：1内

3. T0114②：3

4. T0114②：5

5. T0114②：6外

6. T0114②：6内

7. T0114②：8外

8. T0114②：8内

瓷器

1. T0114② : 10

2. T0114② : 11

3. T0114② : 12

4. T0114② : 13

5. T0114② : 15

6. T0114② : 16

7. T0115② : 15

8. T0214② : 1

瓷器

1. T0214②：2

2. T0214②：5

3. T0214②：6

4. T0317②：2

5. T0317②：3

6. T0411③：1

7. T0412②：1

8. T0412②：2

瓷器

1. T0412②：3

2. T0412②：4

3. T0412③：1

4. ⅡT0111②：1

5. ⅡT0111②：3

6. ⅡT0112②：5

7. ⅡT0112②：1

8. ⅡT0112②：2

瓷器

1. ⅡT0112②：3

2. ⅡT0112②：4

3. ⅡT0112②：5

4. ⅡT0112②：6

5. ⅡT0113②：1

6. ⅡT0113②：3

7. ⅡT0113②：4

8. ⅡT0113②：6

瓷器

1. Ⅱ T0113② : 8

2. Ⅱ T0113② : 10

3. Ⅱ T0113② : 11

4. Ⅱ T0113② : 13

5. Ⅱ T0114② : 1

6. Ⅱ T0114② : 2

7. Ⅱ T0114② : 3

8. Ⅱ T0114② : 4

瓷器

1. ⅡT0114② : 7

2. ⅡT0114② : 14

3. ⅡT0114② : 15

4. ⅡT0115② : 1

5. ⅡT0115② : 2

6. ⅡT0115② : 4

7. ⅡT0115② : 6

8. ⅡT0115② : 16